Die Taverne
des Erwachens

The Tavern of Awakening

SAINT JULIAN PRESS

POETRY

Praise for *The Tavern of Awakening*

Poetry is the closest written expression to the Unutterable. Translating a poem requires settling down in the silence of the heart and letting oneself be taken in by the subtle music of the poem. Otto's talent and profound sensitivity enable him to retain the soul of the poem while allowing it to be recreated in a new language.

—Nathalie Delay
Spiritual Teacher, Artist and Author of
The Way to Reality: Tantric Yoga - Return to Yourself
La Voie du Réel: Yoga tantrique - Retour à Soi

Just for an hour, on a spring morning, give up being right, with all opinions. Instead, I let each of these texts take me to a place where I want to linger. The spiritual, lyrical language opens up images for me, thoughts where I want to rest in the presence of the eternal, enjoy the silence and carry this book with me as my treasure. Thank you for that!

—Christine Mayr-Lumetzberger, Bishop
Author of *Bishop, Roman Catholic: My path to a new church*

It is a stroke of luck that Otto Raich had the impulse to translate Alfred LaMotte's poems. For this modern mystic is capable of describing the unspeakable in such density and so essentially that the heart stops breathing, and only love remains – light upon light. To make this experience accessible to us without losing that density is truly artful and deserves great, great thanks.

—Anna Platsch
Author of *god at the hotel*

These poems speak from a deep, living spiritual experience, in a contemporary language - and at the same time in unison with the voices of the mystical traditions. A very special, inspiring book - which can be a guide "in the wilderness of the heart."

—Ursula Baatz
Zen teacher, Religion Studies Researcher, Author of
Enlightenment meets resurrection, Zen Buddhism and Christianity. An orientation.

Stimmen zu *Die Taverne des Erwachens*

Die Poesie ist der engste schriftliche Ausdruck des Unaussprechlichen. Ein Gedicht zu übersetzen bedeutet, sich in der Stille des Herzens niederzulassen und sich von der subtilen Musik des Gedichts einnehmen zu lassen. Ottos Talent und sein tiefes Einfühlungsvermögen ermöglichen es ihm, die Seele des Gedichts zu bewahren und sie gleichzeitig in einer neuen Sprache wiederzugeben.

—Nathalie Delay
Spirituelle Lehrerin, Künstlerin und Autorin von
Der Weg zur Wirklichkeit: Tantrischer Yoga - Rückkehr zu sich selbst
La Voie du Réel: Yoga tantrique - Retour à Soi

Nur für eine Stunde, an einem Frühlingsmorgen, gib auf, recht zu haben, mit allen Meinungen. Dafür lasse ich mich mit jedem dieser Texte an einen Ort entführen, an dem ich verweilen möchte. Die spirituelle, lyrische Sprache öffnet mir Bilder, Gedanken, wo ich mich ausruhen will in der Gegenwart des Ewigen, die Stille genießen und dieses Buch als meinen Schatz mit mir tragen. Danke dafür!

—Christine Mayr-Lumetzberger, Bischöfin und
Autorin von *Bischöfin, römisch-katholisch: Mein Weg zu einer neuen Kirche*

Es ist ein Glücksfall, dass Otto Raich den Impuls hatte, die Gedichte Alfred LaMottes zu übersetzen. Denn dieser moderne Mystiker ist zu jenem Großen fähig, in solcher Dichte und so essenziell das Unsagbare zu beschreiben, dass dem Herzen der Atem stockt, und nur die Liebe bleibt – Licht über Licht. Uns diese Erfahrung zugänglich zu machen, ohne dass jene Dichte verloren geht, ist wirklich kunstvoll und verdient großen, großen Dank.

—Anna Platsch
Autorin von *gott im hotel*

Diese Gedichte sprechen aus einer tiefen, lebendigen spirituellen Erfahrung, in Worten von heute – und zugleich in Ein-Klang mit den Stimmen der mystischen Traditionen. Ein sehr besonderes, inspirierendes Buch – das ein Wegweiser „in der Wildnis des Herzens" sein kann.

—Ursula Baatz
Zen-Lehrerin, Religionswissenschaftlerin, Autorin von
Erleuchtung trifft Auferstehung, Zen-Buddhismus und Christentum. Eine Orientierung

Praise for *The Tavern of Awakening*

The poems of Alfred K. LaMotte speak to the deepest core of your being. It is a language that has its origin beyond the mind. This makes it all the more challenging to translate these wonderful prayers, rays of hope and impulses into another language, such as German, without losing the magic inherent in them. Otto Raich masters this balancing act in an impressive way. The German translation also touches my innermost being and something deep inside me begins to glow and resonate.

—Mishka S. Barnett MB
OneLife & CEC Publishing

Alfred K. LaMotte combines mystical depth of experience with poetic expressiveness in a unique way. His verses lead us into the mystery of our being and becoming. It is a gift that they can now be read in German in Otto Raich's sensitive translation.

—Mike Kauschke
Editorial Director of *Evolve Magazine*, Poet, Dialog Companion
Author of *In Conversation with the Living World
– Poetic Paths to a Creative and Meaningful Being*

Stimmen zu *Die Taverne des Erwachens*

Die Gedichte von Alfred K. LaMotte sprechen zum tiefsten Kern deines Seins. Es ist eine Sprache, die ihren Ursprung jenseits des Verstandes hat. Um so herausfordernder ist es, diese wunderbaren Gebete, Lichtblicke, Anstöße in eine andere Sprache, wie hier ins Deutsche zu übersetzen, ohne dass der Zauber, der ihnen innewohnt, verloren geht. Otto Raich meistert diesen Spagat auf beindruckende Weise. Auch in der deutschen Übersetzung wird mein Innerstes berührt und tief in mir beginnt etwas zu leuchten und mitzuschwingen.

—Mishka S. Barnett MB
OneLife & CEC Verlag

Alfred K. LaMotte verbindet auf einzigartige Weise mystische Erfahrungstiefe mit poetischer Ausdruckskraft. Seine Verse führen in das Geheimnis unseres Seins und Werdens. Es ist ein Geschenk, dass sie in der einfühlsamen Übersetzung von Otto Raich nun auch in deutscher Sprache zu lesen sind.

—Mike Kauschke
Redaktionsleiter evolve Magazin
Dichter, Dialogbegleiter
und Autor von *Im Gespräch mit der lebendigen Welt
– Poetische Wege in ein schöpferisches und sinnerfülltes Sein*

Die Taverne
des Erwachens

The Tavern of Awakening

Gedichte zur Meditation von
  Alfred K. LaMotte
Herausgegeben und übersetzt von
  Otto Raich

Poems for Meditation by Alfred K. LaMotte
Edited and Translated by Otto Raich

SAINT JULIAN PRESS
HOUSTON

Published by
SAINT JULIAN PRESS, Inc.
2053 Cortlandt, Suite 200
Houston, Texas 77008

www.saintjulianpress.com

Paperback ISBN-13: 978-1-955194-25-9
eBook EPUB ISBN-13: 978-1-955194-26-6
Library of Congress Control Number: 2024937210

Cover Art Credit: Aile Shebar
Photographer at The Witnessing Heart
Fotografin bei Das Zeugende Herz

Für meine Lehrer Michael Barnett und Nathalie Delay; für Willigis Jäger und die Zen-Linie Leere Wolke; für Irina Tweedie und die Naqschbandiyya-Mudschaddidiyya-Sufi-Linie; und über allen für meine Frau Ulrike.

For my teachers Michael Barnett and Nathalie Delay; for Willigis Jäger and the Zen lineage Empty Cloud; for Irina Tweedie and the Naqshbandiyya-Mujaddidiyya-Sufi lineage; and above all for my wife Ulrike.

CONTENTS

FOREWORD

One of the deepest epiphanies a human could experience is merely to be seen. Otto Raich has given me that gift. He saw me, or rather, he saw what was happening in my poems.

One day out of the blue came a message from halfway across the world. A man said that he has been translating my poems into German, using them to teach mindfulness meditation. He humbly asked if he might edit them into a German translation. Now as I read his perceptive choice and setting of the poems, not to mention his sensitive translations, I feel truly seen, and understood. These poems spilled out of me precisely for this purpose, to be used as tools of mindfulness. Each poem leads to a taste of samadhi, where the mind can rest in the heart.

Otto Raich's editing makes use of several types of poems. Some are delicate perceptions of nature, a wildflower, a frog croak, a reflection of the moon on a forest pond. Some remind us of our body's innate spiritual practices, sacred talismans given by the Beloved: this breath, this heartbeat, these holy senses of taste and hearing. Some of the poems even use satire to expose the pretensions of our "new age" assumption: that we can instantly appropriate ancient spiritual wisdom to bypass the sacrament of embodiment. Otto Raich has done a better job than I could do of recognizing which poem to offer at the right time, either as a dash of cold water in the face, a gentle caress of warmth in the heart, or a moment of starlit wildness in the infinite silence above the crown.

Another humbling delight about this book for me: it makes my poems available in German. At first this seemed strange. Then I realized, there is a vast Germanic heritage of mystical teaching, which has in fact influenced me deeply. This book is a small gift of gratitude in return. For I tremble to be touching the culture of the Rhineland mystics, Hildegard of Bingen, Meister Eckhart, his disciple Johann Tauler, Mechthild of Magdeburg, John Ruysbroeck. I think the most precise language of mindfulness in the European tradition might be German: the ur-tongue of Western Zen.

In his younger years, Martin Luther was deeply influenced by this mystical heritage. He once wrote, "Plunge into the deep waters beyond your own comprehension. Bewilderment is true comprehension." I have plunged into those waters. I never came out, as Luther did, to clothe myself in religious dogma. My poems emerge fresh and raw from the abyss. Some are pearls, perhaps, others shells of emptiness. But they are all polished by Otto, a deep diver, whose very acts of editing and translation are a labor of love, a profound meditation, and a gift.

— A. K. LaMotte, March 31, 2024

VORWORT

Eine der tiefsten Offenbarungen, die ein Mensch erleben kann, besteht darin, einfach nur gesehen zu werden. Otto Raich hat mir dieses Geschenk gemacht. Er hat mich gesehen, oder besser gesagt, er hat gesehen, was ich in meinen Gedichten auszudrücken versuche.

Eines Tages kam aus heiterem Himmel eine Nachricht vom anderen Ende der Welt. Jemand berichtete, dass er meine Gedichte ins Deutsche übersetzt hat und diese für die Lehre der Achtsamkeitsmeditation einsetzt. Er fragte bescheiden, ob er meine Gedichte in deutscher Übersetzung in einem Buch herausgeben dürfe. Jetzt, da ich seine feinsinnige Auswahl und Zusammenstellung der Gedichte lese, ganz zu schweigen von seiner einfühlsamen Übersetzung, fühle ich mich wirklich gesehen und verstanden. Diese Gedichte sind genau zu diesem Zweck, um als Instrumente der Achtsamkeit verwendet zu werden, aus mir geströmt. Jedes Gedicht führt zu einem Vorgeschmack von Samadhi, wenn der Geist im Herzen ruhen kann.

Otto Raichs Bearbeitung bedient sich verschiedener Arten von Gedichten. Manche beschreiben die sensible Wahrnehmung der Natur, eine Wildblume, ein Froschquaken, ein Spiegelbild des Mondes auf einem Waldteich. Andere erinnern uns an die unserem Körper innewohnenden spirituellen Praktiken, heilige Talismane, die uns vom Geliebten gegeben wurden: dieser Atem, dieser Herzschlag, diese heiligen Sinne des Schmeckens und Hörens. Einige der Gedichte verwenden sogar Satire, um eine Behauptung unserer „New-Age"-Bewegung zu entlarven: dass wir augenblicklich alte spirituelle Weisheiten verwenden könnten, um das Sakrament der Verkörperung zu umgehen. Otto Raich hat, besser als ich es könnte, erkannt, welches Gedicht zu welchem Zeitpunkt angeboten werden sollte, sei es als ein Schuss kaltes Wasser ins Gesicht, eine sanft wärmende Liebkosung im Herzen oder als ein Moment sternenklarer Heftigkeit in der unendlichen Stille über dem Scheitel.

Eine weitere stille Freude an diesem Buch für mich ist, dass es meine Gedichte auf Deutsch verfügbar macht. Zuerst erschien mir dies seltsam. Dann wurde mir klar, dass es ein riesiges Erbe an deutschen mystischen Lehren gibt, die mich tatsächlich tief beeinflusst haben. Dieses Buch schenkt dafür etwas in Dankbarkeit zurück. Die Kultur der rheinländischen Mystiker zu berühren, erschüttert mich: Hildegard von Bingen, Meister Eckhart, seinen Schüler Johann Tauler, Mechthild von Magdeburg, Johannes Ruysbroeck. Ich denke, die präziseste Sprache der Achtsamkeit in der europäischen Tradition könnte Deutsch sein: die Muttersprache des westlichen Zen.

In seinen jungen Jahren war Martin Luther von diesem mystischen Erbe tief beeinflusst. Er schrieb einmal: „Tauche ein in die tiefen Wasser jenseits deines eigenen Begreifens. Erstaunen ist wahres Verstehen." Ich bin in diese Wasser eingetaucht. Ich bin aber nicht wie Luther gekommen, um mich in religiöse Dogmen zu kleiden. Meine Gedichte tauchen frisch und roh aus dem Urgrund auf. Einige sind vielleicht Perlen, andere Muscheln voll der Leere. Alle wurden von Otto, jemand der tief taucht, zum Glänzen gebracht. Seine Arbeit als Herausgeber und Übersetzer ist ein Liebesdienst, eine tiefe Meditation und ein Geschenk.

—A.K. LaMotte, 31. März 2024

PREFACE

"Let there be light"
is not merely a Word from
the beginning, but a shout
in the language of the present.
Creation remains,
unfinished, friend,
without the beams
of your attention.

(from "Wings" p 128)

These lines reached me a few years ago via social media, striking a profound chord. The beauty and the apparent opening of an inner door to an infinite expanse and deep silence compelled me to explore the works of mystic Alfred K. LaMotte.

Fred, as Alfred is affectionately known, has the unique ability to touch people's hearts with his poetry, capturing the infinite beauty of life and nature in his exquisite language. He stands in the tradition of great mystics, such as Meister Eckhart and Teresa of Ávila, opening up spaces of transcendence through his words. His work offers glimpses into the transcendent within the sensual and vice versa, placing him among the lineage of esteemed mystics.

"The kingdom is already spread over the earth, and men do not see it."
— *Gnostic Gospel of Thomas, 113.*

Fred's writing as a mystic and author uniquely allows us to "see the kingdom on Earth" through his lens. In delving deeper into Fred's work, I felt compelled to share this treasure of contemporary mysticism with a wider audience, leading to the translation of his works into German. Fred enthusiastically supported this endeavor.

The selections in this book are drawn from Fred's complete works. They are organized into five chapters, each offering a distinct pathway to mystical experience. This book can be read as a guide through the mystical journey or opened at any page for inspiration, meditation, or contemplation.

Translating Fred's poetry into German posed challenges, given his spiritually mystical content, penchant for American English wordplay, and analogies to North American flora. My aim was to faithfully render Fred's exceptional poems in German, preserving their original beauty, expressiveness, and rhythm.

Publishing the book bilingually serves dual purposes: it honors the poems' original beauty in English and reflects our commitment to pluralism, a core value of Saint Julian Press.

I hope this book profoundly moves you.

Enjoy your journey through its pages!

—Otto Raich
Editor & Translator

EINLEITUNG

„Es werde Licht“
ist nicht ein Wort vom Anfang,
sondern ein Schrei
in der Sprache des Jetzt.
Die Schöpfung bleibt
unvollendet, Freund,
ohne die Strahlen
deiner Aufmerksamkeit.

(aus „Flügel“ S 129)

Diese Zeilen haben mich vor einigen Jahren über Social Media gefunden und zutiefst berührt. Die Schönheit und das scheinbare Öffnen einer innerlichen Türe hin zu einer unendlichen Weite und tiefen Stille haben dazu geführt, mich näher mit dem Autor und Mystiker Alfred K. LaMotte zu beschäftigen.

Fred (Kurzform von Alfred) vermag es, mit seinen Gedichten die Menschen tief im Herzen zu berühren, die unendliche Schönheit des Lebens und der Natur in seiner wunderbaren Sprache auszudrücken und, in der Tradition der großen Mystiker, beim Lesen immer wieder den Raum in die Transzendenz zu eröffnen. Seine Gedichte sind voll von Hinweisen, das Transzendente im Sinnlichen und das Sinnliche im Transzendenten zu entdecken. Damit steht er für mich in einer Reihe mit vorangegangenen Mystikern wie Meister Eckhard, Johannes Tauler, Johannes vom Kreuz und Teresa von Avila.

„Vielmehr ist das Königreich ausgebreitet über die Erde, doch die Menschen sehen es nicht.“ - heißt es im Evangelium nach Thomas (Logion 113 /4). Das Besondere an Freds Arbeit als Mystiker und Autor ist, dass uns das Lesen seiner Werke, das Königreich auf Erden sichtbar werden lässt!

Mit Fortdauer meiner Beschäftigung mit Freds umfangreichem Werk wuchs in mir der Wunsch, diesen bisher nur im englischen Original publizierten Schatz eines großen Mystikers der Gegenwart auch in deutscher Sprache verfügbar zu machen. Zu meiner großen Freude hat Fred diesem Buchprojekt sofort zugestimmt.

Die Gedichte und Texte des vorliegenden Buches sind aus Freds Gesamtwerk entnommen und wurden von mir in fünf Kapitel gegliedert, wobei jedes einen eigenen Zugang zur mystischen Erfahrung repräsentiert. Man kann das Buch von Anfang bis Ende als „Landkarte der mystischen Erfahrung" lesen, oder es einfach auf einer beliebigen Seite aufschlagen und sich vom jeweiligen Gedicht oder Text inspirieren lassen, oder das jeweilige Gedicht zur Meditation und Kontemplation verwenden.

Die Übersetzung von Freds Gedichten aus dem US - Englischen ins Deutsche brachte einige Herausforderungen mit sich. Die spirituell mystischen Inhalte, Freds Liebe zu Wortspielen, die oftmals stark sprachspezifisch für das amerikanische Englisch sind, aber auch die Vorliebe des Autors, Analogien zu nordamerikanischen botanischen Details zu verwenden, erforderten eine tiefe Auseinandersetzung mit der Sprache und den Inhalten.

Mein Hauptaugenmerk beim Übersetzen lag im Bemühen, die spezielle Qualität von Freds Gedichten, welche bei der Leserin und beim Leser eine Resonanz mit der mystischen Erfahrung ermöglichen, auch in der deutschen Fassung zu erhalten. Natürlich galt es auch auf die ursprüngliche Schönheit, Ausdruckskraft und den Rhythmus der Gedichte zu achten.

Es gab mehrere Gründe, das Buch bilingual herauszugeben. Zum einen, um dem Leser die Gelegenheit zu geben, auch die dem englischen Original innewohnende Schönheit der Gedichte zu erfahren. Zum anderen war die Zweisprachigkeit als Ausdruck des Lebens in einer pluralistischen Welt ein Anliegen des Verlags Saint Julian Press.

Ich wünsche Ihnen viel Freude mit dem vorliegenden Buch!

Mögen Sie beim Lesen zutiefst in Ihrem Herzen berührt werden!

—Otto Raich
Herausgeber und Übersetzer

Gott hat gesagt: „Deine Sehnsucht nach mir ist meine Botschaft an dich.
Alle deine Versuche, Mich zu erreichen,
sind in Wirklichkeit Meine Versuche, dich zu erreichen."

— Jalāl al-Dīn Muḥammad Rūmī

God has said, "Your longing for Me is My message to you.
All your attempts to reach Me
Are in reality My attempts to reach you."

— Jalāl al-Dīn Muḥammad Rūmī

Die Taverne
des Erwachens

The Tavern of Awakening

Die einfachste Meditation

„Einatmen mit dem ganzen Körper, Ausatmen mit dem ganzen Körper."
~Buddha, Satipatthana Sutra

Dieser Körper ist das Tor zum Jetzt, der Weg, der vom abstrakten Schatten zur strahlenden Empfindung führt. Die Empfindungen im Körper sind kostbare spirituelle Juwelen, die erwecken, was ist. Die einfache Empfindung des Atems, der durch meinen Körper aufsteigt und fällt, bringt mich von den Träumen der Vergangenheit und der Zukunft zurück auf den festen Boden der Gegenwart.

Atmen ist das reinste Gebet. Im Gewahrsein des Atems lösen wir die Kluft zwischen Geist und Körper, Himmel und Erde, dem vorgestellten Ideal und der Wirklichkeit auf.

The Simplest Meditation

"Breathing in with the whole body, breathing out with the whole body."
~ Buddha, Satipatthana Sutra

This body is the doorway to now, the path that leads from abstract shadow to radiant sensation. Sensations in the body are precious spiritual jewels, awakening what is. The simple sensation of breath, rising and falling through my body, transports me back from the dreams of past and future to the solid ground of Presence.

Breathing is the purest prayer. In awareness of breath, we dissolve the gap between mind and body, heaven and earth, the ideal and the real.

I Am the Way

One who speaks of a Way
is already lost.
One who seeks for an Other
is always lonely.
Christ says, I Am the Way,
the Truth, and the Life.
It is not the voice
of an ancient Palestinian rabbi,
but your voice, the roar I Am
from the golden core of your body.
You are the Way,
breathed by the Truth,
pulsing with eternal Life
this moment.
How do I know?
I learned it from the silence
of an Autumn rose
bursting in my garden.
I heard it from a caterpillar
falling all Winter long
deeper, deeper into the chrysalis,
chanting her mantra,
"Spring."

Ich bin der Weg

Der von einem Weg spricht,
ist bereits verloren.
Der nach einem anderen sucht,
ist immer einsam.
Christus sagt, Ich bin der Weg,
die Wahrheit und das Leben.
Es ist nicht die Stimme
eines antiken palästinensischen Rabbiners,
sondern deine Stimme, der Schrei *Ich Bin*
aus dem goldenen Innersten deines Körpers.
Du bist der Weg,
geatmet von der Wahrheit,
pulsierend mit dem ewigen Leben
dieses Augenblicks.
Woher ich das weiß?
Ich lernte es von der Stille
einer Herbstrose,
die in meinem Garten aufblüht.
Ich hörte es von einer Raupe,
die den ganzen Winter über
tiefer, immer tiefer in die Puppe sinkt
und dabei ihr Mantra singt:
„Frühling."

Unique

Eight billion mirrors
look the same
when unbroken.
But when they fall,
no two shatter alike.
No two reflect
the wild rose window
of a similar world.
Rejoice in the jagged
chiaroscuro
of your singularity,
the shattering
that makes you whole
and holy unlike.
The miracle is not
to merge with God
or evaporate into
the One: the miracle
is to become
a Person.
The mirror of
Christ fallen,
spilling its emptiness
into creation.
Let us imitate the love,
but not the pattern,
for we each have our own.
The more naked,
the more unique.
Now take off your veil,
then take off the veil
under the veil.
Show me the gaze of
your most radiant wound.

Einzigartig

Acht Milliarden Spiegel
sehen gleich aus,
wenn ungebrochen.
Aber wenn sie fallen,
zerbrechen keine gleich.
Keine zwei reflektieren
das kühne Rosenfenster
einer ähnlichen Welt.
Erfreue dich im kantigen
Licht- und Schattenspiel
deiner Einzigartigkeit,
das Zerbrechen,
das macht dich vollständig
und heilig ungleich.
Das Wunder ist nicht
mit Gott zu verschmelzen
oder sich aufzulösen
in das Eine: das Wunder
ist eine Person
zu werden.
Der Spiegel von
Christus ist gefallen,
seine Leere ergießt
sich in die Schöpfung.
Lasst uns die Liebe nachahmen,
aber nicht das Muster,
denn jeder von uns hat sein eigenes.
Je nackter,
umso einzigartiger.
Jetzt nimm deinen Schleier ab,
dann nimm den Schleier
unter dem Schleier ab.
Zeig mir den Anblick deiner
am meisten strahlenden Wunde.

I Love to Fall

I love to fall
into the groundless,
where my seed can sprout.
It is the deepest adventure
at any moment,
wherever I may be,
just to let the mind dissolve
in the space of the heart.
Only in this moment
of vastness when
I have nothing, want
nothing, become no thing,
can I comprehend
how rich I am,
how Being overflows
the edge of every cup,
the atom, the galaxy,
and each breath kisses
the shores of this body
with a tidal wave
of grace.
O friend, true abundance
is drowning
in who you are!

Ich liebe es zu fallen

Ich liebe es zu fallen
ins Bodenlose,
wo mein Samen aufgehen kann.
Es ist das tiefste Abenteuer
in jedem Moment,
wo immer ich auch sein mag,
einfach den Verstand sich auflösen zu lassen
im Raum des Herzens.
Nur in diesem Moment
der Weite, wenn
ich nichts habe, nichts will,
zu Nichts werde,
kann ich begreifen,
wie reich ich bin,
wie das Sein überfließt
den Rand jedes Bechers,
das Atom, die Galaxie,
und jeder Atemzug küsst
die Gestade dieses Körpers
mit einer Flutwelle
der Gnade.
O Freund, wahrer Reichtum
ist zu ertrinken
in dem, was du bist!

Awaken

As you awaken, just before
the mind of yesterday falls
like a net of stones behind your eye,
be weightless.
Be Presence without a story.
How your soul looks in that mirror
when it sees itself!
What gets you out of bed,
dancing like a wild purple iris
in the breeze of your own inhalation!
It doesn't matter at all
what you do for a living today.
The priceless jewel is just living.
It doesn't matter at all
how much money you will make today.
Your body is more precious than sunlight.
Your sternum is beaten from finer gold.
Whether you feed the multitudes today
or only wash the dishes
makes no difference at all.
What matters is to plunge
down the stem of this unfolding
flower of grace into green meditation,
to follow the thunderbolt in your backbone
all the way home to silence,
to drop the terrible fairy tale
of last week's anger.
Let the mirage of sorrow vanish
in the sky of your chest, empty and blue.
Don`t you know that you save the planet
just by being awake?
Love doesn't need a story.

Erwachen

Beim Aufwachen, noch bevor
der Verstand von gestern
wie ein Netz voller Steine hinter dein Auge fällt,
sei schwerelos.
Sei Gegenwart ohne Geschichte.
Wie deine Seele in diesem Spiegel aussieht,
wenn sie sich selbst erblickt!
Was dich aus dem Bett holt,
tanzend wie eine wilde violette Schwertlilie
in der Brise deines eigenen Einatmens!
Es spielt überhaupt keine Rolle,
was du heute beruflich machst.
Das unbezahlbare Juwel ist einfach nur zu leben.
Es spielt überhaupt keine Rolle,
wie viel Geld du heute machen wirst.
Dein Körper ist kostbarer als das Sonnenlicht.
Dein Brustbein ist aus feinerem Gold getrieben.
Ob du heute Menschenmassen ernährst
oder nur das Geschirr spülst,
macht überhaupt keinen Unterschied.
Was zählt, ist einzutauchen
durch den Stängel dieser sich entfaltenden
Blume der Gnade, in die frische Meditation,
dem Strahl in deinem Rückgrat zu folgen,
den ganzen Weg nach Hause in die Stille,
das schreckliche Märchen des Ärgers
der letzten Woche fallen zu lassen.
Lass die Illusion des Kummers verschwinden
im Himmel deiner Brust, leer und blau.
Weißt du nicht, dass du den Planeten rettest,
einfach indem du nur wach bist?
Liebe braucht keine Geschichte.

The Simplest Meditation

The simplest meditation
happens when you hug
every cell of your body.
They all dissolve in one
gentle breath.
There is no other.
Consuming the thinker
in her own sacred
flesh-flame is called
the opening of the heart.
Now there is nothing left to do
but frolic with stars
and waltz with the moon
through an ever-widening
luminous swirl of compassion,
which is the space where
your darkness gives birth to the sun.
Was there a path? Ah yes,
it led you in all directions at once,
like a small blue flower
unfolding, touched
by the dewdrop of bewilderment.
Adoration is the fragrance
of your Being.
Now sing and play in the highest
world, which is this one,
where you learn to say Yes.
Yes to aloneness, to snow,
to the scarlet berry of pain.
Where you learn to behold
your face in the gaze of a stranger.
Go outdoors and play in the rain.
Play more intensely, as children do,
making it your work.
Risk amazement.
Love until there is
no other.

Die Einfachste Meditation

Die einfachste Meditation
geschieht, wenn du jede Zelle
deines Körpers umarmst.
Sie lösen sich alle auf
in einem sanften Atemzug.
Da ist kein anderer.
Den Denker zu verzehren
in der eigenen heiligen Körper-Flamme
nennt man die Öffnung des Herzens.
Jetzt gibt es nichts mehr zu tun,
als mit den Sternen herumzutollen
und mit dem Mond Walzer zu tanzen,
durch eine sich immer weiter ausdehnende
leuchtende Wolke des Mitgefühls,
welche der Raum ist, wo
deine Dunkelheit die Sonne gebiert.
Gab es einen Weg? Ah ja,
er führte dich in alle Richtungen gleichzeitig
wie eine kleine blaue Blume,
die sich entfaltet, berührt
vom Tautropfen des Staunens.
Verehrung ist der Duft
deines Seins.
Nun singe und spiele in der höchsten
Welt, die diese ist,
wo du lernst, Ja zu sagen.
Ja zum Alleinsein, zum Schnee,
zu der scharlachroten Beere des Schmerzes.
Wo du lernst, dein Gesicht
im Blick eines Fremden zu betrachten.
Geh nach draußen und spiel im Regen.
Spiele intensiver, wie Kinder es tun,
mach es zu deiner Arbeit.
Wage zu staunen.
Liebe, bis da
kein anderer ist.

Work

There is a secret work inside our work,
the vocation of Presence,

the stillness at the heart
of every moment.

The energy for this labor comes from gratitude,
the connection a petal has with the sun.

Melt and stir the butter of doing
into Being.

See how a white–throated sparrow
is busy with singing.

Arbeit

Es gibt eine verborgene Arbeit innerhalb unserer Arbeit,
die Berufung der Gegenwart,

die Stille im Herzen
in jedem Augenblick.

Die Energie für diese Arbeit kommt von Dankbarkeit,
die Verbindung, die ein Blütenblatt mit der Sonne hat.

Schmelze und rühre die Butter des Tuns
in das Sein.

Sieh wie eine Weißkehlammer
mit dem Singen beschäftigt ist.

Stuff

Underestimating your glory
is the only sin.
Give birth to the Christ
in your own body.
Drink up the rest of this day.
Bask in yourself
and squander the kingdom!
A fountain of something like starlight
will rise up your spine,
spilling over, showering the world
with burning seeds of wonder,
gold as the stuff in Mary's womb.

Stoff

Deine Herrlichkeit zu unterschätzen
ist die einzige Sünde.
Gebäre Christus
in deinem Körper.
Trinke den Rest des Tages aus.
Schwelge in dir selbst
und verschwende das Königreich!
Eine Fontäne von etwas wie Sternenlicht
wird deine Wirbelsäule hinaufsteigen,
überfließen, die Welt überfluten
mit brennenden Samen der Verwunderung,
golden wie der Stoff in Marias Schoß.

The Healing

This planet will not
be healed
by powerful politicians
in big cities
who spend trillions on
a global strategy
that never quite begins.
They also burn much fuel.
Earth will be healed
by villagers who sing,
by backyard gardeners
like you
who walk more slowly
right here,
who feel the green
through bare soles,
speaking fewer words,
cradling each
others anger
like mothers,
awakening
the heirloom seeds
of the heart.

Die Heilung

Dieser Planet wird nicht
geheilt werden
durch mächtige Politiker
in Großstädten,
die Billionen ausgeben für
eine globale Strategie,
die nie richtig beginnt.
Auch sie verbrennen viel Treibstoff.
Die Erde wird geheilt werden
von Dorfbewohnern, die singen
von Hinterhofgärtnern
wie Dich,
die langsamer gehen
genau hier,
die das Grün spüren
durch nackte Sohlen,
weniger Worte sprechen,
des anderen Ärger
wiegen
wie Mütter,
aufwecken
die uralten Samen
des Herzens.

Evening Meditation

Rest the mind in the heart.
She will guide you there,
Our Lady of this Breath.
To the manger, the birthplace,
She will guide you.
And you will refresh
the whole creation
by resting in that place
where the world arises
as a wave
of your perceiving it.
This ripple of joy
in the ocean of gratitude.
If you think these are
just words, friend,
you haven't quite been
to that silence, that
billowing stillness.
You're just reading.
Now rest
the mind in the heart.
She will guide you there,
Our Lady of this Breath.

Abendmeditation

Leg den Geist im Herzen zur Ruhe.
Sie wird dich hinführen,
unsere Herrin dieses Atemzugs.
Zur Krippe, dem Geburtsort,
wird sie dich führen.
Und du wirst erneuern,
die ganze Schöpfung,
indem du an diesem Ort ruhst,
wo die Welt sich erhebt
als eine Welle
deiner Wahrnehmung.
Dieses Plätschern der Freude
im Ozean der Dankbarkeit.
Wenn du denkst, dies seien
nur Worte, Freund,
warst du noch nicht ganz
in dieser Stille, dieser
wogende Ruhe.
Du liest nur.
Jetzt lege den Geist
im Herzen zur Ruhe.
Sie wird dich hinführen,
unsere Herrin dieses Atemzugs.

Peace Prayer

I pray to the Unity
that becomes Two for love's sake
while remaining One.
O Mother of Eternity, Almighty Father,
Christ Sophia, Rachman i'Rahim,
O Shiva Shakti, El Shaddai,
entwined upon my spine,
O Magdalena, Tower of Myrrh,
Melchizedek of the Parliament
of Starlight pouring
through my vagus nerve:
I breathe in your Love
and breathe out Love to all the earth.
I breathe in your Beauty
and breathe out Beauty to all the earth.
I breathe in your Healing
and breathe out Healing to all the earth.
I breathe in your Abundance
and breathe out Abundance to all the earth.
By the authority and grace
of a single exhalation,
I abolish and dissolve every border
drawn by politicians and kings,
priests and ayatollahs,
whose maps live only in the mind.
And by the outrageous invincible audacity
of one humble breath,
I declare that from this New Moon on,
Earth's only boundaries
shall be curves, the round and oval,
tree rings, seeds, globes of toadstool
and mollusk spiral, furrows in loam,
thigh-swollen, bosom-heaved,
tenderly kneaded by gravity,
bathing in undulations of stone.
Rivers, mountains, deserts, shores.
And even these, mostly,
in the prudence of time,
shall be swept away by wind and rain.

Friedensgebet

Ich bete zur Einheit
die Zwei wird um der Liebe willen
und doch Eins bleibt.
O Mutter der Ewigkeit, Allmächtiger Vater,
Christus Sophia, Rachman i'Rahim,
O Shiva Shakti, El Shaddai,
geschlungen um meine Wirbelsäule,
O Magdalena, Turm der Myrrhe,
Melchisedek vom Parlament
des Sternenlichtes, das
durch meinen Vagusnerv strömt:
Ich atme deine Liebe ein
und atme die Liebe auf die ganze Erde aus.
Ich atme deine Schönheit ein
und atme Schönheit über die ganze Erde aus.
Ich atme deine Heilung ein
und atme Heilung über die ganze Erde aus.
Ich atme deine Fülle ein
und atme Fülle über die ganze Erde aus.
Durch die Macht und Gnade
eines einzigen Ausatmens
hebe ich jede Grenze auf,
die von Politikern und Königen,
Priestern und Ayatollahs gezogen wurde,
deren Landkarten nur im Verstand existieren,
und bringe sie zum Verschwinden.
Und durch die himmelschreiend unbesiegbare Kühnheit
eines demütigen Atemzuges
erkläre ich, dass von diesem Neumond an
die einzigen Grenzen der Erde
Kurven sein werden, das Runde und Ovale,
Baumringe, Samen, Kugeln von Fliegenpilzen
und Mollusken-Spiralen, Furchen im Lehm,
geschwollene Schenkel, gewölbte Brüste,
zart geknetet von der Schwerkraft,
badend in wellenförmigem Gestein.
Flüsse, Berge, Wüsten, Strände.
Und selbst diese sollen,
größtenteils, in der Besonnenheit der Zeit,
von Wind und Regen weggefegt werden.

Tell It Again

You must hear it again
because you're only half listening
and half dreaming.
The inhalation rises
from your belly to your crown,
bursting silently into the blue sky
beyond form, and the exhalation falls
into the black pit of sweetness,
the seed of yearning.
This is no mere breath
but the body of the Goddess,
soft as cotton down,
yet spun out of diamond fibers
from Andromeda.
Her soul is your spine,
keen as a blade of lightning,
your vertebrae the feral
electric teeth of her smile.
Now She pierces your heart,
rhythmic as moonlight,
until you move beyond death into love.
Do not try to comprehend her.
Shakti Kundalini
cannot be known,
only tasted, only touched
like a pillow filled with maddened bees.
Lay your head upon her breast
and get stung
with the venom of emptiness.
O tell them, Kabir.
They will listen to you.
She is the wine inside breathing.
She is the Warrior's Sword
passing through every heart
with a single stroke.
The Mind Slayer,
whose nipples express
the milk of ecstasy
for those of us
who were never born.

Erzähl es nochmal

Du musst es noch einmal hören,
denn du hörst nur halb zu
und halb träumst Du.
Die Einatmung steigt
von deinem Bauch zu deinem Scheitel,
explodiert lautlos in den blauen Himmel
jenseits der Form, und die Ausatmung fällt
in das schwarze Loch der Süße,
den Samen der Sehnsucht.
Dies ist nicht bloß der Atem,
sondern der Körper der Göttin,
weich wie Baumwollflaum,
und doch gesponnene Diamantfasern
aus Andromeda.
Ihre Seele ist dein Rückgrat,
scharf wie die Klinge eines Blitzes,
deine Wirbelsäule die wild
elektrisierenden Zähne ihres Lächelns.
Jetzt durchdringt Sie dein Herz,
rhythmisch wie Mondlicht,
bis du über den Tod hinausgehst hinein in die Liebe.
Versuche nicht, sie zu begreifen.
Shakti Kundalini
kann nicht erkannt werden,
nur geschmeckt, nur berührt,
wie ein Kissen, gefüllt mit verrückt gemachten Bienen.
Lege deinen Kopf auf ihre Brust
und lass dich stechen
mit dem Gift der Leere.
O sag es ihnen, Kabir.
Auf dich werden Sie hören.
Sie ist der Wein innerhalb des Atems.
Sie ist das Schwert des Kriegers,
das jedes Herz durchdringt
mit einem einzigen Schlag.
Die Schlächterin des Verstandes,
deren Brustwarzen die Milch
der Ekstase hervorbringen,
für jene von uns,
die nie geboren wurden.

Vespers

Listen to evening fall.
Hear darkness come.
The stars, and beyond
their far faint music,
hear the silence.
Listening cleanses
the mind of thought,
awakens the sparkling grace
of this moment.
What was that troubled dream?
What was that world
swept away
by this breath?

Abendgebet

Lausche, wie es Abend wird.
Höre die Dunkelheit kommen.
Die Sterne und jenseits
ihrer fernen leisen Musik,
höre die Stille.
Lauschen reinigt
den Geist von Gedanken,
erweckt die funkelnde Anmut
des Augenblicks.
Was war dieser beunruhigende Traum?
Was war das für eine Welt,
weggefegt
von diesem Atem?

How to Fall Asleep

Rest your head on the pillow.
Rest your mind in the heart.
Breathe out the day.
Breath in the dark.
Be held.

Wie man einschläft

Leg deinen Kopf auf das Kissen.
Leg deinen Verstand in das Herz.
Atme den Tag aus.
Atme die Dunkelheit ein.
Sei gehalten.

Einladung in die heilige Dunkelheit

„Die Quelle meines Kummers und meiner Einsamkeit liegt tief in meiner Brust: Das ist eine Krankheit, die kein Arzt heilen kann. Nur die Vereinigung mit dem Freund kann sie heilen." ~Rabi'a

Die Dunkelheit der Liebe ist die Farbe der Stille. Sinke in diese sinnliche Dunkelheit. Um das Licht zu erreichen, musst du aufsteigen, aber um die göttliche Dunkelheit zu umarmen, brauchst du nur zu fallen. Gib die Arbeit des Aufsteigens auf. Lass die Schwerkraft dein Gebet sein.

Sei, wo das Licht geboren wird, ein Same, der in die mütterliche Furche der Stille fällt. Das absolut Unbeschreibliche ist der Schoß von allem.

„Amma, Mutter, ich bin machtlos! Du bist die einzige Macht. Ich falle, aber ich falle in den Abgrund deiner Gnade. Meine eigene Hoffnungslosigkeit ist die unendliche Tiefe deines Herzens. Nicht ich, Mutter, sondern Du. Du bist überall, oben und unten, tiefer in mir als mein eigenes Wesen."

Invitation to Sacred Darkness

"The source of my grief and loneliness is deep in my breast: this is a disease no doctor can cure. Only union with the Friend can cure it." ~Rabi'a

The darkness of love is the color of silence. Sink into this voluptuous darkness. To attain the light, you must ascend, but to embrace divine darkness, you need only fall. Give up the work of rising. Let gravity be your prayer.

Be where the light is born, a seed dropped into the mothering furrow of silence. The absolutely ineffable is the womb of all.

"Amma, Mother, I am powerless! You are the only power. I am falling, but I am falling into the abyss of your grace. My very hopelessness is the infinite depth of your heart. Not I, Mother, but you. You are All around, above and below, deeper inside me than my own being."

Downward

Use the night to wash
the sunlight from your wings.

Ascending into glory
has made you stiff.

Let gravity be your prayer.
Plummet with valor.

A mother draws you down
to her umber breasts.

Mingle in the pull of that deeper love.
Cease to struggle

against what makes you heavy
and you will be weightless.

Anoint your forehead
with grass and soil.

Unpolish yourself.
Into your bright wounds rub

the tincture of darkness.
God wants to be all of you.

Abwärts

Nutze die Nacht, um das Sonnenlicht
von deinen Flügeln zu waschen.

Der Aufstieg in die Herrlichkeit
lies dich starr werden.

Lass die Schwerkraft dein Gebet sein.
Sinke mit Wagemut.

Eine Mutter zieht dich hinab
zu ihren bernsteinfarbenen Brüsten.

Verschmelze mit dem Sog dieser tieferen Liebe.
Hör auf anzukämpfen

gegen das, was dich belastet
und du wirst schwerelos sein.

Salbe deine Stirn
mit Gras und Erde.

Leg den Glanz ab.
In deine blanken Wunden streiche

die Tinktur der Dunkelheit.
Gott will ganz bei dir sein.

Dark Side

You say you must
    learn to embrace
        your dark side.
But why
    did you need
        to take sides?
Darkness is not the
        absence of light.
    Darkness is
      the womb of light.
Be the sparkling
    vortex of creation,
        a thousand-armed
          whirler,
    spun from the night
      in your core.
That is where
      the Mother is.

Dunkle Seite

Du sagst
    du musst lernen
        deine dunkle Seite anzunehmen.
Aber warum
    musstest du dich
        für eine Seite entscheiden?
Dunkelheit ist nicht
        die Abwesenheit von Licht.
    Dunkelheit ist
        der Schoß des Lichts.
Sei der funkelnde
    Strudel der Schöpfung,
        ein tausendarmiger
            Tänzer,
        gesponnen aus der Nacht
            in deinem Innersten.
Das ist, wo
        die Mutter ist.

Shift

The Shift is not a happening
in time.
Not something you need
to wait for.
The Shift is a blessed and
perpetual fall
from the chatter in your brain
to heart–hollowed quietness;
from the abstract to the local,
swollen repose
of a snow-bound crocus,
racket of flycatchers
over thawed bog water,
improbable worlds condensed
into pearls of the ordinary
like the sweat
of sweetness on a plum.
The Shift could be
a stinging caress
of moist burnt-umber soil
on your barefoot soles.
Or the fondle of this breath
kindling a flame of Presence
through the gray mirage
of your exhausted story.
Now why don't you
soften your belly.
Why don`t you shift
into the place where you are,
relishing the only certain
warmth there is,
your body.

Shift

Der Shift ist kein Ereignis
in der Zeit.
Nicht etwas, worauf Du
warten musst.
Der Shift ist ein gesegneter und
ständiger Fall
vom Geplapper in deinem Kopf
zur Stille im Herzen;
vom Abstrakten zum Heimischen,
pralle Ruhe
eines schneebedeckten Krokus,
Lärm von Fliegenschnäppern
über aufgetautem Moorwasser,
unglaubliche Welten verdichtet
zu Perlen des Gewöhnlichen
wie der Schweiß
aus Süße auf einer Pflaume.
Der Shift könnte
eine brennende Zärtlichkeit sein
von feuchter umber-färbiger Erde
auf deinen barfüßigen Sohlen.
Oder die Liebkosung dieses Atemzuges,
der eine Flamme der Gegenwart entzündet
durch das düstere Trugbild
deiner erschöpften Geschichte.
Warum machst du jetzt nicht
deinen Bauch weich.
Warum gehst du nicht
an den Ort, wo du bist,
und genießt die einzig sichere
Wärme, die es gibt,
deinen Körper.

Winter Night

Don't take the gift of Darkness for granted.
Let her have her way with you.
Ascend through a bolder falling.
Her womb is immaculate silence,
a void moist with stars.
Yet she who cradles them all
has become your inhalation.
Haven't I told you there is wine
in the silence between thoughts,
Joy and sorrow mingled in one cup?
What will you call her? Shakti?
Shekinah? Miryam the Magdalene?
Names dissolve in the nectar
between waking and sleep.
Gently blow out every mental flame
that wants a word for things.
Listen to what cannot be spoken.
Take on the color of silence,
the jasmine scent of emptiness.
Night is not the absence of fire,
but the womb of fire.
Gaze into seeing.
Even the Creator asks, "Who am I?"
This question strikes a spark
against the abyss.
Now leave your secret chamber,
walk boldly over the earth,
crystalizing distance into stillness.
Savor the sting of vanishing atoms,
glitter of dark matter in your bones.
From the well of loss
streams a luminous beauty
that bathes all sentient creatures
in hope. Friend,
don't bother to understand.
Not-Knowing is the space
of compassion.
All night, be breathed.

Winternacht

Nimm das Geschenk der Dunkelheit nicht als
selbstverständlich hin.
Lass sie ihren Weg mit dir gehen.
Steige auf durch ein kühneres Fallen.
Ihr Schoß ist unbefleckte Stille,
eine Leere, getränkt mit Sternen.
Doch sie, die sie alle wiegt,
ist dein Einatmen geworden.
Habe ich dir nicht gesagt, dass da Wein ist
in der Stille zwischen den Gedanken,
Freude und Kummer vermischt in einem Becher?
Wie wirst du sie nennen? Shakti?
Schekinah? Maria von Magdala?
Namen lösen sich auf im Nektar
zwischen wach sein und Schlaf.
Blase sanft jede mentale Flamme aus,
die ein Wort für die Dinge will.
Höre auf das, was nicht ausgesprochen werden kann.
Nimm die Farbe der Stille an,
den Jasmin Duft der Leere.
Die Nacht ist nicht die Abwesenheit der Flamme,
sondern der Schoß der Flamme.
Blicke in das Sehen.
Selbst der Schöpfer fragt: „Wer bin ich?"
Diese Frage zündet einen Funken
am Abgrund.
Nun verlasse deine geheime Kammer,
gehe kühn über die Erde,
kristallisiere Distanz in Stille.
Genieße den Schmerz verschwindender Atome,
das Glitzern der dunklen Materie in deinen Knochen.
Aus dem Brunnen des Verlustes
strömt eine leuchtende Schönheit,
die alle fühlenden Geschöpfe
in Hoffnung taucht. Freund,
mach dir nicht die Mühe zu verstehen.
Nicht-Wissen ist der Raum
des Mitgefühls.
Die ganze Nacht, sei geatmet.

Invitation to Sacred Darkness

Darkness is not the absence of light.
Darkness is the womb of light.
Darkness is not evil,
but the deepest good.
Darkness is not despair,
but the peace where joy begins,
a hidden seed, self-unfolding.
A bud is wrapped in darkness
to protect its golden petals
from the frost,
a chrysalis cocooned in darkness
to protect its rainbow wings
from the storm,
your tears rapt in shadows
to ripen before they fall.
Moist and fertile, the void.
Here, stars shine because
the blackness between them overflows.
Is not the Sun re-conceived
on the longest evening of the year?
The New Moon an embryo
floating in holy silence,
radiance sheathed in the unseen
maternity of night?
Honor the ache of your desolation.
Feel the darkness breathe
and kick in your belly, down
where you would not go.
Let the exhalation lead you there,
the inhalation attune you
to the pulse of Divine Unknowing.
Darkness is not the absence
but the mother
of fire.

Einladung in die heilige Dunkelheit

Dunkelheit ist nicht die Abwesenheit von Licht.
Dunkelheit ist der Schoß des Lichts.
Dunkelheit ist nicht böse,
sondern das tiefste Gute.
Dunkelheit ist nicht Verzweiflung,
sondern der Frieden, in dem die Freude beginnt,
ein verborgener Samen, selbst-entfaltend.
Eine Knospe ist in Dunkelheit gehüllt,
um ihre goldenen Blütenblätter zu schützen
vor dem Frost,
eine Kokonpuppe ist in Dunkelheit eingesponnen,
um seine Regenbogenflügel zu bewahren
vor dem Sturm,
deine Tränen im Schatten geborgen,
um zu reifen, ehe sie fallen.
Feucht und fruchtbar, die Leere.
Hier, die Sterne leuchten, weil
die Schwärze zwischen ihnen überläuft.
Wird die Sonne nicht neu erschaffen
am längsten Abend des Jahres?
Der Neumond ein Embryo
schwebend in heiliger Stille,
Leuchten umhüllt vom Ungesehenen
Schwangerschaft der Nacht?
Ehre den Schmerz deiner Verzweiflung.
Fühle die Dunkelheit atmen und sich regen
in deinem Bauch, dort unten,
wohin du nicht gehen willst.
Lass die Ausatmung dich dorthin führen,
die Einatmung stimmt dich ein
auf den Puls des Göttlichen Nichtwissens.
Dunkelheit ist nicht die Abwesenheit,
sondern die Mutter
des Feuers.

Shatter

God meant to drop this mirror
shattering into countless images
his perfect gaze.

This is why we meet in brokenness,
putting ourselves together again
through each other

until we recognize one face
with eight billion reasons
for astonishment.

Zerbrechen

Gott wollte diesen Spiegel fallen lassen
in zahllose Bilder zerbrechen
sein vollkommenes Antlitz.

Deshalb treffen wir uns in Gebrochenheit,
um uns wieder zusammenzufügen
durch den anderen,

bis wir ein Gesicht erkennen
mit acht Milliarden Gründen
zum Staunen.

Layam

"Lama vraja: dissolve now!" - Ashtavakra Gita

Forget the base of your spine,
the crown of your head.

Forget high and low.
Just use the wings of your heart to fall

upward into a sunlit abyss.
Don`t even leap, there is no cliff.

Don`t start or arrive, there is no path,
only a footloose dissolving fire.

Don`t hesitate, don't look back.
Disappear without a trace

into the inconceivable vastness
of the next moment.

Why step gingerly from wick to wick
searching for a better candle?

Just stay right here
and burn.

Layam

„Lama vraja: Löse dich jetzt auf!" - Ashtavakra Gita

Vergiss die Basis deiner Wirbelsäule,
den Scheitel deines Kopfes.

Vergiss hoch und niedrig.
Benutze nur die Flügel deines Herzens zum Fallen,

nach oben in einen sonnenbeschienenen Abgrund.
Springe nicht einmal, es gibt keine Klippe.

Geh nicht los und komm nicht an, es gibt keinen Weg,
nur ein sich frei auflösendes Feuer.

Zögere nicht, schau nicht zurück.
Verschwinde ohne jede Spur

in die unvorstellbare Weite
des nächsten Augenblicks.

Warum behutsam von Docht zu Docht schreiten
auf der Suche nach einer besseren Kerze?

Bleib einfach genau hier
und brenne.

Fierce

Breathe in
everything at once
and be the royal master
of creation.
Then become poor
in spirit
when you breathe out.
If you won't let loss
play with abundance
you will never be a lover.
A blood-red poppy
drops its petals,
dives back into the seed,
meets the spark
of frozen solstice
in the blackest loam.
Take root in your grief
where the Sun is born.
Dark energy encircles us all
like the womb.
Spring up
through a bolder falling.
Who knows if, tonight,
you might not finally embrace
the fierce beauty of your own
beaten heart?

Unerträglich

Atme ein
alles auf einmal
und sei der königliche Meister
der Schöpfung.
Dann werde arm
im Geiste,
während du ausatmest.
Wenn du Verlust nicht
mit Reichtum spielen lässt,
wirst du nie ein Liebender sein.
Ein blutroter Mohn
lässt seine Blütenblätter fallen,
taucht zurück in den Samen,
trifft den Funken
der erstarrten Sonnenwende
im schwärzesten Lehm.
Schlage Wurzeln in deinem Kummer,
wo die Sonne geboren wird.
Dunkle Energie umhüllt uns alle
wie der Mutterschoß.
Tauche auf
durch ein mutigeres Fallen.
Wer weiß, ob du heute Abend
nicht endlich die unerträgliche Schönheit
deines geschlagenen Herzens
umarmen kannst?

Alchemy of Anger

Anger is meat
too gamey for the mind.
Consume it with your body.
With the fierce massage
of the faintest breath,
your wrath bursts into blossom
through your solar plexus,
pulses in your forehead,
bubbles up your marrow,
heating your ancestors'
bone broth to keep
the bowels of Winter warm.
Feel it without resistance.
No label, no brand, not
even the word, "anger."
Taste its piquant fire.
Neither right nor wrong,
anger just is.
Delicious.
It shall be a panther
who glides down to the
waterhole in your desert.
It shall be a coral snake
who squeezes
like a feral rainbow
out of your old skin.
Your raven anger shall rise
on tawny wings altered
scarlet and gold by dawn,
never returning to that gray
nest of broken sticks,
and brittle stories.
Cluster your tongues
of ire into an amethyst
of pure attention,
then slip it on the ring
finger of your beloved
enemy.

Alchemie des Ärgers

Ärger ist Fleisch
zu viel Wildgeschmack für den Verstand.
Verzehre ihn mit deinem Körper.
Mit der heftigen Massage
des leisesten Atems
bricht dein Zorn auf zur Blüte
durch deinen Solarplexus,
pulsiert in deiner Stirn,
brodelt in deinem Knochenmark,
erhitzt deiner Vorfahren
Knochenbrühe, um die Eingeweide
des Winters warm zu halten.
Spüre ihn ohne Widerstand.
Kein Etikett, keine Marke,
nicht einmal das Wort „Ärger".
Schmecke sein pikantes Feuer.
Weder richtig noch falsch,
Ärger ist einfach.
Köstlich.
Er soll ein Panther sein,
der hinunter schleicht
zum Wasserloch in deiner Wüste.
Er soll eine Korallenschlange sein,
die sich herausquetscht
wie ein wilder Regenbogen
aus deiner alten Haut.
Dein gieriger Zorn soll sich erheben
auf lohfarbenen Flügeln,
die sich in der Dämmerung
zu Scharlachrot und Gold wandeln,
niemals zurückkehren zu diesem grauen
Nest aus zerbrochenen Stöcken,
und brüchigen Geschichten.
Bündle deine Zungen
des Zorns zu einem Amethysten
der reinen Aufmerksamkeit,
dann steck ihn an den Ringfinger
deines geliebten
Feindes.

Stumble

Blessed are you when you stumble
into your perfect dance.
Blessed are you when you trip

and fall into your planting.
God does not apologize for her mistakes.
The footprint of the lost becomes a path

and the apple tree offers her first fruit to worms.
Of a thousand scattered seeds, only one grows.
Ruthlessly forgive yourself.

Chance every moment.
This rambunctious thistle was a milkweed thread
spinning in the breath of the unknown.

Sprawl into blossom, tumble back to seed.
Curled in frozen darkness, ferment
all Winter in your white hot potency

until she wakens you whispering,
"Whirl again, little one,
there are no mistakes!"

Straucheln

Gesegnet bist du, wenn du strauchelst
hinein in deinen perfekten Tanz.
Gesegnet bist du, wenn du stolperst

und in deine Quelle fällst.
Die Göttin entschuldigt sich nicht für Ihre Fehler.
Der Fußabdruck der Verlorenen wird zu einem Weg

und der Apfelbaum bietet seine ersten Früchte den Würmern an.
Von tausend verstreuten Samen wächst nur einer.
Schonungslos vergib dir selbst.

Nutze jeden Augenblick.
Diese ungestüme Distel war eine Faser der Seidenpflanze,
die sich im Atem des Unbekannten spinnt.

Wachse in die Blüte, falle zurück auf den Boden.
In gefrorener Dunkelheit eingerollt, gäre
den ganzen Winter in deiner weißglühenden Potenz

bis sie dich aufweckt und flüstert,
„Wirbel noch einmal, Kleines,
es gibt keine Fehler!"

Difference

Take this wild rose in your hand.
Here is your mistake.

You assume that God is the cause.
But God is just as bewildered as a rose.

The difference? God doesn't search
for an answer, just rides astonished waves,

spirals ever outward and inward
on petals of fire, like yours.

The difference?
You have yet to fall into what you see,

but God has dissolved
into leaves, veins, and every diaphanous wing.

Unterschied

Nimm diese Wildrose in deine Hand.
Hier ist dein Irrtum.

Du nimmst an, dass Gott die Ursache ist.
Aber Gott ist genauso verwundert wie eine Rose.

Der Unterschied? Gott sucht nicht nach einer Antwort,
sondern reitet auf den Wellen des Erstaunens,

spiralförmig stets nach außen und nach innen
auf Blütenblättern aus Feuer, wie deine.

Der Unterschied?
Du musst erst noch in das fallen, was Du siehst,

Gott aber hat sich aufgelöst,
in Blätter, Adern und jeden durchsichtigen Flügel.

Visit

The Goddess whispered to my heart,
you are not here to suffer.

Learn from the bee.
You are here to make honey.

Visit dark sticky places
in everything that blossoms.

Besuch

Die Göttin flüsterte mir ins Herz,
du bist nicht hier, um zu leiden.

Lerne von der Biene.
Du bist hier, um Honig zu machen.

Besuche dunkle klebrige Orte
in allem das blüht.

Die Alchemie der Stille

„Vor allen Dingen liebe die Stille." ~St. Isaak von Ninive

Höre auf die Stille. Die Stille des reinen Zuhörens ist Liebe. Die Anziehung eines Subjekts zu einem Objekt, eines Liebenden zur Geliebten, ist nur der Schatten der Liebe. Bevor irgendein Subjekt oder Objekt entsteht, bevor der Schöpfer überhaupt das Wort „Es werde Licht" spricht, zittert die reine Liebe in den Wellen des Urmeeres.

Wenn ich wirklich wach bin, ist mein Leib die Wabe, die Stille ist der Honig in jeder Zelle. Ich kann sie schmecken, schmecke die goldene Leere in jedem Atom. Die Stille ist die Herrlichkeit der Nacht, der leuchtende Nektar der Schwärze, in dem die sprudelnden Sterne schweben wie das Funkeln im Wein. Das Tiefste von allem ist die Stille zwischen meinen Gedanken, mein wahres Zuhause, „intereor intimo mea", mir vertrauter, als ich mir selbst bin.

The Alchemy of Silence

"Above all things, love silence." ~St. Isaac of Ninevah

Listen to silence. The silence of pure listening is love. Attraction of a subject for an object, a lover for the beloved, is only love's shadow. Before any subject or object arise, before Creator even speaks the Word, "Let there be light," pure love trembles in waves of the primal sea.

When I am truly awake, my flesh is the comb, silence is the honey in every cell. I can taste it, taste the golden void in each atom. Silence is the glory of night, the luminous nectar of blackness, in whom the effervescent stars are suspended like the sparkle in wine. Most abysmal of all is the silence between my thoughts, my true home, "intereor intimo mea," more intimate to me than I am to myself.

True Listeners

True listeners live in the body,
not the mind.
They love the gossip of the raindrops,
the breaking news of a leaping fish.
Say less than you mean.
Grace is the gift of subtraction.
The trembling crystal of a chickadee
proclaims the whole Godspell.
Tell as little as a willow by a pond
where the heron glides away
on the first breath of twilight.
And if you must speak, leave
a rippled stillness between words,
the kind of mirror where
that long-beaked huntress might repose
on one leg all the golden afternoon.
Be more like the moon between clouds,
until your silences
say everything.

Wahre Zuhörer

Wahre Zuhörer leben im Körper,
nicht im Verstand.
Sie lieben den Tratsch der Regentropfen,
die aktuellen Nachrichten eines springenden Fisches.
Sag weniger, als Du meinst.
Gnade ist das Geschenk des Weglassens.
Der Tremologesang einer Meise
verkündet den ganzen Gotteszauber.
Sag so wenig wie eine Weide an einem Teich,
wenn der Reiher weggleitet
im ersten Hauch der Dämmerung.
Und wenn du sprechen musst, dann lass
eine sanfte Stille zwischen den Worten,
die Art von Spiegel, in dem
die langschnäblige Jägerin auf einem Bein ruhen könnte
den ganzen goldenen Nachmittag.
Sei mehr wie der Mond zwischen den Wolken,
bis deine Stille
alles sagt.

Shatter

Now tell me, is there
a deeper beauty
than the color
of silence?
Breathing in,
breathing out,
I am burnishing
the mirror in my chest
that I might see
the amethyst in the rose
of your countenance,
so clearly, so clearly,
that it shatters
the difference
between us.

Zerstören

Nun sag mir, gibt es
eine tiefere Schönheit
als die Farbe
der Stille?
Einatmend,
ausatmend,
poliere ich
den Spiegel in meiner Brust,
sodass ich vielleicht
den Amethyst in der Rose
deines Antlitzes sehen kann,
so deutlich, so deutlich,
sodass es den Unterschied
zwischen uns
zerstört.

Dialogue

"I will wound you for free."
"But I want to pay for it."

"This will cost you everything."
"I have already given that."

"Then give me your silence,"
Love said.

So I renounced the mind and dove
into the space between thoughts

where I swam all night among moonbeams
with creatures who glowed in namelessness.

Just before dawn, Love severed off my crown
with a scimitar of sweetness, a wave of stillness,

mirage of emptiness, sword of the Prophet,
forever slicing One in Two, for the sake of devotion.

"Take that!" Love said.
"Thank you!" cried Bewilderment,

breaking the silence, opening
the wound again.

Dialog

„Ich werde dich kostenlos verwunden."
„Aber ich will dafür bezahlen."

„Das wird dich alles kosten."
„Das habe ich schon gegeben."

„Dann gib mir dein Schweigen",
sagte die Liebe.

So verzichtete ich auf den Verstand und tauchte
in den Raum zwischen den Gedanken

wo ich die ganze Nacht inmitten von Mondstrahlen schwamm
mit Geschöpfen, die in Namenlosigkeit leuchteten.

Kurz vor dem Morgengrauen, trennte die Liebe meine Krone ab,
mit einem Krummsäbel der Süße, eine Welle der Stille,

Trugbild der Leere, Schwert des Propheten,
das Eine für immer in Zwei schneidend, um der Hingabe willen.

„Nimm das!" sagte die Liebe.
„Danke!" rief das Staunen,

brach das Schweigen, öffnete
wieder die Wunde.

Element
(The Alchemy of Silence)

Don`t you understand what is happening tonight?
Your breath is being changed into fire.

Your blood is turning to moonlight.
Soil becomes flesh, flesh becomes air.

All is suspended in the element
which alchemists have not discovered:

Silence.

Element
(Alchemie der Stille)

Verstehst Du nicht, was heute Nacht geschieht?
Dein Atem wird in Feuer verwandelt.

Dein Blut verwandelt sich in Mondlicht.
Erde wird zu Fleisch, Fleisch wird zu Luft.

Alles ist in dem Element aufgelöst,
welches die Alchemisten nicht entdeckt haben:

Stille.

Hum 1

"Adau Bhagavan Shabda rasahi: in the beginning, the Lord created the universe through a stream of sound." ~Vedas

Om is too stuffy, just Hum like a bee. Humming is not only the prayer that creates worlds from silence, it will strengthen your immune system. A gentle hum stimulates your vagus nerve, that tree of life in the center of the garden of your body, the burning bush of neurological fire that Moses saw in the Cloud of Unknowing on Mount Horeb, from whose flames the voice of the formless resonated 10 Sefiroth, world-shaping angels, usually mistaken as "commandments" by humless intellects trapped in a fruitless tangle of opposites, which is that other tree, the knowledge of good and evil, black and white, male and female. Forget the opposite, just Hum. Let your Hum sink down into your heart where it becomes the holy Name, the river of sound that sang galaxies into matter out of the black hole of womb silence. Your Hum is the song of Brahmari the bee Goddess, vibrating through your skull hive, soothing your hypothalamus, opening the almond fragrance of your amygdala, lighting the chandelier of your pituitary in the ballroom at the center of your brain, polishing the blue pineal pearl whose arrow of Shakti opens your forehead eye. Let all your cells make golden honey of the Hum, dripping down the back of your throat into the subterranean temple of your chest, flowing into the grail that sits on the alter of your sternum. Hum stars through your bellybutton. Hum sap through your root. Humyoni humballs hum moonlight into seeds. Hum through amphibious caverns of your body where unborn suns sleep. Hum.

Summen 1

„Adau Bhagavan Shabda rasahi: Am Anfang schuf der Herr das Universum durch einen Strom von Klang." ~Vedas

Om ist zu spießig, summe einfach wie eine Biene. Summen ist nicht nur das Gebet, das aus der Stille Welten erschafft, es stärkt auch dein Immunsystem. Ein sanftes Summen stimuliert deinen Vagusnerv, diesen Baum des Lebens im Zentrum des Gartens deines Körpers, den brennenden Busch aus neurologischem Feuer, den Moses in der Wolke des Nichtwissens auf dem Berg Horeb sah, aus dessen Flammen die Stimme des Formlosen 10 Sephiroth erklingen ließ, weltgestaltende Engel, welche üblicherweise von nicht summenden Intellektuellen, die in einem fruchtlosen Gewirr von Gegensätzen gefangen sind, als „Gebote" missverstanden werden, welcher der andere Baum ist, das Wissen von Gut und Böse, schwarz und weiß, männlich und weiblich. Vergiss die Gegensätze, summe nur. Lass dein Summen in dein Herz sinken, wo es zum heiligen Namen wird, der Fluss des Klangs, der aus dem schwarzen Loch der Stille des Schoßes Galaxien in die Materie sang. Dein Summen ist das Lied der Bienengöttin Brahmari, es vibriert durch deinen Schädel-Bienenstock, beruhigt deinen Hypothalamus, öffnet den Mandelduft deiner Amygdala, entzündet den Kronleuchter deiner Hypophyse im Ballsaal inmitten deines Gehirns, poliert die blaue Zirbeldrüsenperle, deren Shakti-Pfeil dein drittes Auge öffnet. Lass all deine Zellen aus dem Summen goldenen Honig machen, der an der Rückseite deiner Kehle in den unterirdischen Tempel deiner Brust tropft, in den Gral fließt, der auf dem Altar deines Brustbeins sitzt. Summe Sterne durch deinen Bauchnabel. Summe Nektar durch deine Wurzel. Summe die Yoni, summe die Hoden, summe Mondlicht in die Samen. Summe durch die amphibischen Höhlen deines Körpers, wo ungeborene Sonnen schlafen. Summe.

Hum 2

Before the invention of thoughts
we sang ourselves
to sleep.
The day melted back
into humming,
the humming into silence,
silence into a breath
of the Beloved.
Of course the stars
were not yet born,
and the moon was still inside you.
Lay your head
on my shoulder now.
Listen with all
your heart,
and I will teach you
nothing.

Summen 2

Vor der Erfindung der Gedanken
sangen wir uns
in den Schlaf.
Der Tag schmolz zurück
in ein Summen,
das Summen in die Stille,
Stille zu einem Atemzug
des Geliebten.
Natürlich waren die Sterne
noch nicht geboren,
und der Mond war noch in dir.
Leg deinen Kopf
jetzt auf meine Schulter.
Höre mit deinem
ganzen Herzen,
und ich werde dich
Nichts lehren.

Shabbat

Just for an hour
on a Spring morning,
give up being right.
The earth won't disappear.
You will.
Not being of the world
refreshes the meadow.
Just for an hour,
or even the time
it takes to breathe,
allow the golden
swamp cabbage,
the shy forest
trillium to fill
your absence with joy.
Be irrelevant.
Let the snowdrops
flower without you.

Sabbat

Nur für eine Stunde
an einem Frühlingsmorgen
gib auf, recht zu haben.
Die Erde wird nicht verschwinden.
Du schon.
Nicht von dieser Welt zu sein,
erfrischt die Weide.
Nur für eine Stunde
oder sogar nur die Zeit,
die es braucht, um zu atmen,
lass den goldenen
Sumpfkohl,
den scheuen Waldlilien
deine Abwesenheit
mit Freude füllen.
Sei unwichtig.
Lass die Schneeglöckchen
ohne dich blühen.

Puddle

Spend a little time today
getting lost.
Find your way
across the rain puddle
in your back yard.
Meet me on the shore.
We will build a shelter,
weave a hut,
thatch it with breathing.
Now take my hand and enter.
The journey is just beginning.
There is a mountain
of silence inside you.
Inside the mountain
a cave, even quieter,
where you will find the bones
you buried before
you were conceived.
We've had other bodies, friend.
But no other song.
Listen.
The first song still
echoes inside the bones,
inside the cave,
inside the mountain
of silence.

Pfütze

Verbringe heute ein wenig Zeit,
dich zu verlieren.
Finde deinen Weg
über die Regenpfütze
in deinem Hinterhof.
Triff mich am Ufer.
Wir werden einen Unterschlupf bauen,
eine Hütte flechten,
das Dach mit Atem decken.
Nimm jetzt meine Hand und tritt ein.
Die Reise beginnt gerade erst.
Es gibt einen Berg
der Stille in dir.
Im Inneren des Berges
eine Höhle, noch stiller,
wo du die Gebeine finden wirst,
die du begraben hast, bevor
du gezeugt wurdest.
Wir haben andere Körper gehabt, Freund.
Aber kein anderes Lied.
Höre.
Das erste Lied hallt noch wider
im Inneren der Knochen,
im Inneren der Höhle,
im Inneren des Berges
der Stille.

Sleep

Rest ever so
gently tonight.
Descend into
the subterranean shrine
of your body.
All will be well through
dream and dark
if your heart keeps
smoldering with love.
Just let this breath
be the kiss of the soul
and belly.
Gaze on your heart
with the radiance
of a trillion stars.
Silence knows
no distance.
You
are the intimate
friend you've been
longing for.

Schlaf

Ruhe dich sanft aus
heute Nacht.
Steig hinab in
das unterirdische Heiligtum
deines Körpers.
Alles wird gut sein durch
Traum und Dunkelheit,
wenn dein Herz weiter
vor Liebe glüht.
Lass einfach diesen Atem,
den Kuss der Seele
und des Bauches sein.
Blicke auf dein Herz
mit dem Glanz
einer Billion Sterne.
Die Stille kennt
keine Entfernung.
Du
bist der intime
Freund, nachdem du dich
gesehnt hast.

Thoughts and Prayers

Please,
no thoughts and prayers.
Just prayers without thoughts.
This is enough for now.
Everything falls into place,
yet there is no place
and the falling never stops.
Some call it stillness.
When the X-class
solar flare of God
irradiates each atom
of your flesh with madness,
let it pass through you.
Don't be so foolish
as to imagine
you are anything but space.
Take no thought
for tomorrow.
Resist nothing and become
as solid as the diamond
on Buddha's crown.
But if you fight
against the terrible
sweet radiance of death,
you will be a hungry ghost.
Therefore learn to tell
the difference between
thoughts and prayers,
ease and dis-ease.
By the time you understand this,
it will be too late.
Just dive into the silence
where the question never arises.
That is the answer.

Gedanken und Gebete

Bitte,
keine Gedanken und Gebete.
Nur Gebete ohne Gedanken.
Das ist genug für jetzt.
Alles fügt sich an seinen Ort,
dennoch gibt es keinen Ort
und das Fallen hört nie auf.
Manche nennen es Stille.
Wenn die X-Klasse
Sonneneruption Gottes
jedes Atom deines Leibes
mit Wahnsinn bestrahlt,
lass es durch dich hindurchgehen.
Sei nicht so töricht,
dir einzubilden,
du wärst etwas anderes als Raum.
Denk nicht
an das Morgen.
Leiste keinen Widerstand und werde
so fest wie der Diamant
auf Buddhas Krone.
Aber wenn du ankämpfst
gegen die schrecklich
süße Ausstrahlung des Todes,
wirst du ein hungriger Geist sein.
Deshalb lerne zu erkennen
den Unterschied zwischen
Gedanken und Gebeten,
Leichtigkeit und Unbehagen.
Wenn du das verstanden hast,
wird es zu spät sein.
Tauche einfach in die Stille ein,
wo die Frage niemals auftaucht.
Das ist die Antwort.

A Secret

You say there's a secret
called enlightenment.
But you are the secret
that was given away
in the beginning,
when the sky got em-pearled
in your zygote.
You were born
so that distant galaxies
might see themselves.
Now waves of amazement
with troughs of silence
crash on the shores
of your body,
cleansing your senses
with the birthless Presence
of ancient light.
All your questions
have been washed away.
Each breath is the answer.

Ein Geheimnis

Du sagst, es gibt ein Geheimnis
namens Erleuchtung.
Aber du bist das Geheimnis,
das aufgedeckt wurde
am Anfang,
als der Himmel erstrahlte
in deiner Zygote.
Du wurdest geboren,
damit ferne Galaxien
sich selbst sehen können.
Jetzt treffen Wellen des Staunens
mit Tälern voller Stille
auf die Ufer
deines Körpers,
reinigen deine Sinne
mit der geburtslosen Gegenwart
des uralten Lichts.
All deine Fragen
wurden weggespült.
Jeder Atemzug ist die Antwort.

Meditation from 7th Century Syrian Saint,
Isaac of Nineveh:

"Above all things,
love silence.
Out of your silence
will arise something
that will draw you
into deeper silence.
If you practice this,
inexpressible light
will dawn upon you."

Meditation des syrischen Heiligen
Isaak von Ninive aus dem 7. Jahrhundert:

*„Vor allen Dingen
liebe die Stille.
Aus deiner Stille
wird etwas entstehen,
das dich in eine
tiefere Stille zieht.
Wenn du dies praktizierst,
wird unaussprechliches Licht
über dich hereinbrechen."*

Anahata – Das Herz im Herz

„Die Zeit ist gekommen, dein Herz in einen Tempel des Feuers zu verwandeln."
~Rumi

„Der Beginn des Gebets besteht darin, den Geist in das Herz hinabsteigen zu lassen." ~'Philokalie', Orthodoxe Kirche

Im Innersten deines Herzens, im Schatten verborgen, liegt der unaussprechliche Diamant Christi, der reine Schönheit ist. Du bist Maria, die auf die Morgendämmerung wartet. Der Stein ist bereits zur Seite gerollt worden. Begegne dem Geliebten im Garten deines Körpers.

Anahata – The Heart within Your Heart

"The time has come to turn your heart into a temple of fire." ~Rumi

"The beginning of prayer is to let the mind descend into the heart." ~'Philocalia,' Orthodox Church

At the very core of your heart, entombed in the shadow, is the ineffable diamond of Christ, who is pure Beauty. You are Mary, waiting at dawn. The stone has already been rolled aside. Meet the Beloved in the garden of your body.

Friend

Your presence
fills me, Friend.
It is the bridge
deep in my heart
leading me back
to myself.
Your presence is
the rainbow rising
out my aloneness,
spanning the sky
between breaths.
Perhaps I remember
your name
down in the seed,
before it becomes
a whisper.
Perhaps I merely
recall your face,
then repose
in your formless glow.
Or perhaps I hear
the ring of Being
in the bell
of my emptiness.
Friend,
your presence
fills me.

Freund

Deine Gegenwart
erfüllt mich, Freund.
Sie ist die Brücke
tief in meinem Herzen,
die mich zurückführt
zu mir selbst.
Deine Gegenwart ist
der Regenbogen, der aus
meiner Einsamkeit aufgeht,
den Himmel überspannt
zwischen den Atemzügen.
Vielleicht erinnere ich
deinen Namen
unten in der Saat,
bevor er zu einem
Flüstern wird.
Vielleicht erinnere ich nur
dein Gesicht,
ruhe dann
in deinem formlosen Glühen.
Oder vielleicht höre ich
den Klang des Seins
in der Glocke
meiner Leere.
Freund,
deine Gegenwart
erfüllt mich.

Planting

Try not to rise above your longing.
Sink deeper, plant pain in the earth.

Try not to rise above your weariness.
Sink deeper, plant sorrow in the loam.

Try not to rise above your body.
Sink deeper, plant every breath.

To the Mother, you are a seed.
Your body, your pain, your breath are seedlings.

Offer them, she will open you up
so gracefully, like a sprouted wound.

Darkness will nourish you with
infinitesimal starry voices

rising from the furrow where she split you.
Beauty is an underground power.

It knows how to ascend,
just as it knew how to fall.

What has no name meets no resistance.
Something green, ineffably innocent

trembles out of your broken heart.
Here's the secret:

the warmth that draws us upward
is inside.

Einpflanzen

Versuche, dich nicht über deine Sehnsucht zu erheben.
Sinke tiefer, pflanze den Schmerz in die Erde.

Versuche, dich nicht über deine Lustlosigkeit zu erheben.
Sinke tiefer, pflanze Kummer in den Lehm.

Versuche, dich nicht über deinen Körper zu erheben.
Sinke tiefer, pflanze jeden Atemzug.

Für die Mutter bist du ein Same.
Dein Körper, dein Schmerz, dein Atem sind Setzlinge.

Biete diese an, Sie wird dich öffnen,
so anmutig wie eine aufblühende Wunde.

Die Dunkelheit wird dich nähren
mit leisem Sternengeflüster

das aus jener Furche aufsteigt, wo sie dich geöffnet hat.
Schönheit ist eine unterirdische Kraft.

Diese weiß, wie man aufsteigt,
genauso wie sie wusste, wie man fällt.

Was keinen Namen hat, stößt auf keinen Widerstand.
Etwas Frisches, unaussprechlich Unschuldiges

bebt aus deinem gebrochenen Herzen.
Hier ist das Geheimnis:

die Wärme, die uns nach oben zieht,
ist im Inneren.

The Name of the Wound

What the bud calls a wound
we call blossoming.

This is how the angels see
our gashed and broken places.

They keep singing, "Stay open, stay open!"
Don`t you know that through your tears

that world flows as light
into this one?

Der Name der Wunde

Was die Knospe eine Wunde nennt,
nennen wir Blüte.

So sehen die Engel
unsere verwundeten und gebrochenen Stellen.

Sie singen immer wieder: "Bleib offen, bleib offen!"
Weißt du nicht, dass durch deine Tränen

jene Welt als Licht
in unsere Welt fließt?

Gospel

Nothing is wrong.
You have never not been free.
This is the good news.
Every photon of your flesh
is the boundless sky.
This is the good news.
You lost yourself
in the shadow of beauty
so that beauty might
find you again.
There is no bad news.
Healing comes
from a heartbroken place
where you've breathed out
everything you carried.
Stay there.
The next breath
is God's love.

Evangelium

Nichts ist falsch.
Du bist nie nicht frei gewesen.
Dies ist die gute Nachricht.
Jedes Photon deines Leibes
ist der unermessliche Himmel.
Dies ist die gute Nachricht.
Du hast dich verloren
im Schatten der Schönheit,
damit die Schönheit
dich wiederfinden kann.
Es gibt keine schlechte Nachricht.
Heilung kommt
von einem Ort des gebrochenen Herzens,
wo du all das ausgeatmet hast,
was du getragen hast.
Verweile dort.
Der nächste Atemzug
ist die Liebe Gottes.

Dropped

The Beloved is known for loose behavior,
laughing, sighing, dropping things.

You fall from his open palm,
he picks you up,
and if you have wounds and bruises,

he'll play music through them. You exist
through the craft of God's exquisite mistakes.

O wounded One, with your hollow places,
don't you want to become his flute?

Fallengelassen

Der Geliebte ist für lockeres Verhalten bekannt,
lachen, seufzen, Dinge fallen lassen.

Du fällst aus seiner offenen Hand,
er hebt dich auf,
und wenn du Wunden und blaue Flecken hast,

wird er Musik durch sie hindurch spielen. Du existierst
durch die Kunstfertigkeit Gottes herrlicher Fehler.

O Verwundeter, mit deinen leeren Stellen,
möchtest du nicht seine Flöte werden?

Anahata – The Heart within your Heart

There's a heart within your heart.
When this one beats
that one sings about light,

the gong in the atom's hollow,
photons echoing a golden bell
never struck.

This sound could only mean one thing:
a Lover whispering your name
before you were conceived.

Why should your flesh be filled with
anything but music?

Anahata – Das Herz im Herz

Es gibt ein Herz in deinem Herzen.
Wenn dieses eine schlägt,
singt jenes vom Licht,

der Gong im Leerraum des Atoms,
Photonen hallen eine goldene Glocke wider,
die nie angeschlagen wurde.

Dieser Klang kann nur eines bedeuten:
Ein Geliebter flüstert deinen Namen,
bevor du gezeugt wurdest.

Warum sollte dein Leib mit anderem gefüllt sein
als mit Musik?

Blade

Just as your flesh
has a soul,
so your inhalation
is a sheath
containing a sword
of sweet fire.
Awaken the angel
in every breath.
Plunge this blade
into your heart.
You are here to die
of love.

Klinge

So wie dein Leib
eine Seele hat,
gleicht dein Einatmen
einer Scheide,
die ein Schwert
aus süßem Feuer enthält.
Erwecke den Engel
in jedem Atemzug.
Tauche diese Klinge
in dein Herz.
Du bist hier, um vor
Liebe zu sterben.

Scary

The world is scary.
I'm scared.
That's the truth.
How about you?
The world is in chaos
and I refuse to pretend
that I know what to do.
Do you hear me?
I'm scared
and I don't know.
Yet when I tell
the Truth, a sacred
white buffalo
wanders into my heart
and I feel a peace
the world cannot give
or take away.
Do you hear me?
Perhaps this is what
we can all do together:
Be scared.
Don't know.
Tell the truth.

Beängstigend

Die Welt ist beängstigend.
Ich bin verängstigt.
Das ist die Wahrheit.
Was ist mit dir?
Die Welt ist im Chaos
und ich weigere mich vorzugeben,
ich wüsste, was zu tun ist.
Hörst du mich?
Ich bin verängstigt
und ich weiß nicht.
Doch wenn ich die
Wahrheit sage, wandert ein
heiliger weißer Büffel
in mein Herz
und ich fühle einen Frieden,
den die Welt weder geben
noch nehmen kann.
Hörst Du mich?
Vielleicht ist es das,
was wir alle gemeinsam tun können:
Verängstigt sein.
Nicht wissen.
Die Wahrheit sagen.

I Pray that You Will Burst

I pray that you will burst
in darkness.
The flower of grace is
planted in your body.
Freedom embedded in pain,
joy is the birthright of death.
The rhythm of your heartbeat
heals all your ancestors.
They can no longer dance,
but you can listen.
Take courage, listen with your
eardrum, bellydrum, hipdrum,
urndrum where they keep
your ashes.
Other hearts beat in yours.
Every proton of your flesh
is the kiss of an ancient star,
each electron a wave
on the ocean of amazement.
Who is amazed? Don't ask.
Names don't count in the moment
between waking and sleep.
Who sleeps? Don't ask.
Just feel an exquisite tenderness
for those who insist
you have no right to be happy.
May the golden fingers
of your vagus nerve
hold them like an offering
of delicious fruit.
All night long, be breathed
by their gratitude.

Ich bete, dass du aufplatzen wirst

Ich bete, dass du aufplatzen wirst
in der Dunkelheit.
Die Blume der Gnade ist
in deinen Körper gepflanzt.
Freiheit eingebettet in Schmerz,
Freude ist das Geburtsrecht des Todes.
Der Rhythmus deines Herzschlages
heilt all deine Vorfahren.
Sie können nicht mehr tanzen,
aber du kannst zuhören.
Hab Mut, höre zu mit deinem
Trommelfell, Bauchmembran, Hüftmembran,
Urnenmembran, wo sie
deine Asche aufbewahren.
Andere Herzen schlagen in deinem.
Jedes Proton deines Leibes
ist der Kuss eines alten Sterns,
jedes Elektron eine Welle
auf dem Ozean des Erstaunens.
Wer ist erstaunt? Frag nicht.
Namen zählen nicht im Moment
zwischen Wachsein und Schlaf.
Wer schläft? Frag nicht.
Fühle einfach eine exquisite Zärtlichkeit
für diejenigen, die darauf bestehen,
du hättest kein Recht, glücklich zu sein.
Mögen die goldenen Finger
deines Vagusnervs
sie halten wie eine Gabe
aus köstlichen Früchten.
Die ganze Nacht hindurch, sei geatmet
von ihrer Dankbarkeit.

The Final Body

Inside your body
there's a body made of breath.
Inside that body
there's a fountain of moonlight.
And inside this, a dangling
necklace of woken pearls,
eyes spilling all the worlds they see
down your backbone
with the sound of mountain flowers,
cascade lilies, columbine.
Whoever gave you this breath
used it to weave nests for the stars
singing in bejeweled stillness.
Yet inside that body
there's one made from ripples
of the void, where you've plunged
into a pollen spore
on the anther of a heartbeat.
And you discover, floating
in that natal sea, a final body
somehow containing them all:
the physiology of space itself,
the luster of silence, secret sheen
of absence in every seed,
so vast and black the Magellanic
Cloud is but a vanishing of sparks
in billows of unknowing.
Drop your concepts,
they won't help you now.
Don't worry, just evaporate.
You'll find your lips and tears again,
made from anti-matter of ecstatic night.
Take off your shoes, take off
the garment of your old story.
Get mud between your toes.

Der endgültige Körper

Im Inneren deines Körpers
gibt es einen Körper, der aus Atem besteht.
In diesem Körper
gibt es eine Fontäne aus Mondlicht.
Und in dieser schwebt eine
Halskette aus erwachten Perlen,
Augen ergießen all die Welten, die sie sehen
dein Rückgrat hinab
mit dem Klang von Bergblumen,
Kaskadenlilien, Akeleien.
Wer auch immer dir diesen Atem gab,
hat ihn dazu benutzt, Nester für die Sterne zu weben,
die in glitzernder Stille singen.
Doch im Inneren dieses Körpers
gibt es einen, der aus Wellen
der Leere gemacht ist, wo du eingetaucht bist
in eine Pollen-Spore
am Staubbeutel eines Herzschlages.
Und du entdeckst, schwimmend
in diesem Geburtsmeer, einen endgültigen Körper,
der auf irgendeine Art sie alle enthält:
die Physiologie des Raumes selbst,
den Glanz der Stille, verborgener Schein
der Abwesenheit in jedem Samen,
so weit und so schwarz wie die Magellansche
Wolke nur ein Verschwinden von Funken
in den Wogen des Unwissens ist.
Lass deine Konzepte fallen,
sie werden dir jetzt nicht helfen.
Mach dir keine Sorgen, verflüchtige dich einfach.
Du wirst deine Lippen und Tränen wiederfinden,
hergestellt aus der Antimaterie der ekstatischen Nacht.
Zieh aus deine Schuhe, zieh aus
das Gewand deiner alten Geschichte.
Hole dir Schlamm zwischen deine Zehen.

Temple in the Valley

Just below the left ventricle
and just above the solar plexus
is a temple in the valley
of breathing.
And here, two fingers' width
in front of your chest
to be precise, is a flame
that does not burn
but gives unfiltered sweetness,
a quiver of spun fiber
for arrows of starlight.
Both triangles point here
from above and below,
the hollow hexagram
of presence.
All equations are balanced
by the in-breath
that holds this space.
The constellations, those beasts
of silence, gather here
to drink from the spring
which Jesus called a well
of everlasting life, and Milarepa
the bee-drowning jewel
at the center of the lotus,
a bafflement of proportions
that drive mathematicians
mad in search of beauty.
Perhaps the name of Krishna
will draw you here, perhaps
the name of Christ, or the secret
name of the Goddess, born
on a vapor of surrender.
But really, you won't comprehend
this radiance at all until
you gaze upon the face
of the Friend in the mirror
of your own heart.

Tempel im Tal

Direkt unterhalb der linken Herzkammer
und knapp oberhalb des Solarplexus
befindet sich ein Tempel im Tal
des Atems.
Und hier, zwei Fingerbreit
vor deiner Brust,
um genau zu sein, ist eine Flamme,
die nicht brennt,
aber ungefilterte Süße spendet,
ein Köcher aus gesponnenen Fasern
für Pfeile aus Sternenlicht.
Beide Dreiecke zeigen hierher
von oben und von unten,
das leere Hexagramm
der Gegenwart.
Alle Gleichungen sind ausgeglichen
durch die Einatmung
die diesen Raum hält.
Die Sternbilder, diese Biester
der Stille, versammeln sich hier,
um von der Quelle zu trinken,
welche Jesus den Brunnen
des ewigen Lebens nannte, und Milarepa
das Bienen-tränkende Juwel
im Zentrum des Lotos,
eine Verblüffung aus Proportionen,
die Mathematiker in den Wahnsinn treiben
auf der Suche nach Schönheit.
Vielleicht wird der Name Krishna
dich hierher locken, vielleicht
der Name Christi, oder der geheime
Name der Göttin, geboren
im Dunst der Hingabe.
Aber wirklich, du wirst
diese Ausstrahlung überhaupt
nicht begreifen, bevor du in das Gesicht
des Freundes im Spiegel
deines eigenen Herzens schaust.

A Warrior for Peace

Merely by resting in your heart
you soften one thousand miles
of space around you.
Those who come near you feel
a touch of wild cotton,
the radiance of seven pearls
threaded on a sunbeam.
Their souls begin to
orbit your belly button.
They enter the invisible garden
of Presence
and somehow taste the blood-red seeds
in the pomegranate's core
without gashing the husk.
This is why you learn to repose
in the golden shrine of your chest.
Let others make the haj
or fall upon the sword.
You just need to be more hollow.
Victorious the mind that no longer seeks
because it has dissolved into
the erotic splendor of the void.
Let your next exhalation be
what pours from the libation cup
offered by a dying warrior.
The triumph is surrender.
Now let a death-song swell
your throat, like his, in a voice
that is yours and not yours,
as smoke curls up from a wick
just blown out.
Return to the lips of the one
who says, "Well done!
Did no one ever tell you?
That breath was the name of God."

Ein Krieger für den Frieden

Indem du einfach in deinem Herzen ruhst,
erweichst du eintausend Meilen
Raum um dich herum.
Diejenigen, die in deine Nähe kommen,
fühlen einen Hauch von wilder Baumwolle,
die Strahlung von sieben Perlen
gefädelt auf einem Sonnenstrahl.
Ihre Seelen beginnen
deinen Bauchnabel zu umkreisen.
Sie betreten den unsichtbaren Garten
der Präsenz
und irgendwie schmecken Sie die blutroten Samen
im Kern des Granatapfels,
ohne die Schale aufzuschneiden.
Das ist der Grund, warum Du lernst,
dich im goldenen Schrein deiner Brust auszuruhen.
Lass andere den Hadsch machen
oder dem Schwert zum Opfer fallen.
Du musst nur leerer sein.
Siegreich der Geist, der nicht länger sucht,
weil er sich in die erotische Herrlichkeit
der Leere aufgelöst hat.
Lass deine nächste Ausatmung sein,
was aus dem Opferkelch,
dargeboten von einem sterbenden Krieger, strömt.
Der Triumph ist Hingabe.
Jetzt lass ein Totenlied aufsteigen
in deiner Kehle, wie in seiner,
mit einer Stimme die Deine ist, und nicht Deine,
so wie Rauch aufsteigt
von einem gerade ausgeblasenen Docht.
Kehre zu den Lippen des Einen zurück,
der sagt: „Gut gemacht!
Hat dir das nie jemand gesagt?
Dieser Atem war der Name Gottes."

When Your Name Fell

When your Name fell into my heart
every question in my mind
was answered by one single breath: So'ham.

The distance wasn't great
from the crown to the breastbone.
Why did the journey take 10,000 lives?

All I know is, there's a kingdom
in my chest now, whose government
is the silence of an endless glow,

whose boundaries keep circling
all others like a conch–full
of wings and sunsets.

When I stand at the center
of this radiance, I have no enemies.
Everyone I meet

is called the Friend.
The wine stain of your lips, O Lord,
is on each forehead, you keep giving

your royal power away.
Perfect strangers shout to one another,
"Come, wanderer, I'll be your home.

You live in me now.
The bread is light, the wine is love,
the banquet is here!"

Als dein Name fiel

Als dein Name in mein Herz fiel,
wurde jede Frage meines Verstandes
mit einem einzigen Atemzug beantwortet: So'ham.

Die Entfernung war nicht groß
vom Scheitel bis zum Brustbein.
Warum dauerte die Reise 10.000 Leben?

Alles, was ich weiß ist, es gibt jetzt ein Königreich
in meiner Brust, dessen Regierung ist
die Stille des endlosen Glühens,

dessen Grenzen umkreisen ständig alle anderen,
wie eine Trompetenmuschel, voll
von Flügeln und Sonnenuntergängen.

Wenn ich in der Mitte dieses Glanzes stehe,
habe ich keine Feinde.
Jeder, dem ich begegne

wird der Freund genannt.
Der Weinfleck deiner Lippen, o Herr,
ist auf jeder Stirn, beständig verschenkst du

deine königliche Macht.
Völlig Fremde rufen einander zu:
„Komm, Wanderer, ich werde deine Heimat sein.

Du wohnst jetzt in mir.
Das Brot ist Licht, der Wein ist Liebe,
das Festmahl ist hier!"

Landstreicher der Wahrheit

„Das Dasein ist Glückseligkeit" ~*Maharishi Mahesh Yogi*

Man sagt, dass das Auflösen des 'Ich' Erleuchtung ist, und das ist außergewöhnlich. Aber geschah das nicht schon als Kind in gewöhnlichen Momenten des Staunens, jeden Tag? Das Staunen über eine Raupe, das Staunen in den Augen eines neuen Freundes auf dem Spielplatz, das Staunen über eine Sternschnuppe?

Passiert das nicht auch jetzt, wenn Du dich ganz deiner Trauer hingibst und dich in Tränen auflöst? Wenn du dich ganz deiner Freude hingibst und dich in Lachen auflöst? Wenn du dich ganz dem Klang von Miles, einer Seerose von Monet, einem Sonett von Keats hingibst und dich in Schönheit auflöst? Wenn du dich ganz dem Freund hingibst, dieser Berührung des göttlichen Atems, und dich in Liebe auflöst?

In so einem gewöhnlichen Moment des Nichts, wer bleibt übrig? Geschieht Erleuchtung nicht tausendmal an einem Tag?

Truth Tramps

"Existence is bliss." ~*Maharishi Mahesh Yogi*

They say that dissolving the 'I' is enlightenment, and this is extraordinary. But didn't it happen when you were a child, in ordinary moments of wonder, every day? Wonder at a caterpillar, wonder in the eyes of a new friend on the playground, wonder of a shooting star?

Doesn't it happen now, when you give yourself completely to your grief, and dissolve into a tear? When you give yourself completely to your joy, and dissolve into laughter? When you give yourself completely to the sound of Miles, a Monet water lily, a sonnet of Keats, and dissolve into beauty? When you give yourself completely to the Friend, this touch of divine breath, and dissolve into love?

In such an ordinary moment of no-thing, who is left? Doesn't enlightenment happen a thousand times a day?

Offering

I gave up world sorrow
for the hidden pain of love.
Now I hear petals weeping,
seeds grieving their lost flowers.
I see mountains gliding home on clouds.
I follow the pilgrimage of a snail
across the hosta leaf.
I gave up charity and pity
to gaze into your face,
where I find everyone.
With a single inhalation
I bind and heal the wounds
of rich and poor.
My temple is the sky,
my altar the garden.
We hold satsang in the wetlands,
the frogs, blackbirds, and I.
The revolution is to breathe.
The radical act is being present.
Taste the wine between your thoughts.
When in doubt, take off your shoes.
Walk barefoot in wet grass at midnight,
un-naming the stars.
It's not the earth
that makes you suffer, friend,
but your judgments about it.
And surely, the last judgment
is the silence of a white chrysanthemum
bursting under the Autumn moon.
This is the Gospel of Astonishment.

Opfergabe

Ich gab den Weltschmerz auf
für den verborgenen Schmerz der Liebe.
Jetzt höre ich Blütenblätter weinen,
Samen trauern um ihre verlorenen Blumen.
Ich sehe Berge, die auf Wolken nach Hause gleiten.
Ich folge der Pilgerreise einer Schnecke
über das Hosta-Blatt.
Ich gab Nächstenliebe und Mitleid auf,
um in dein Gesicht zu blicken,
wo ich jeden finde.
Mit einer einzigen Einatmung
verbinde und heile ich die Wunden
von Arm und Reich.
Mein Tempel ist der Himmel,
mein Altar der Garten.
Wir halten Satsang in den Feuchtgebieten,
die Frösche, Amseln und ich.
Die Revolution ist zu atmen.
Der radikale Akt ist präsent zu sein.
Koste den Wein zwischen deinen Gedanken.
Im Zweifelsfall ziehe deine Schuhe aus.
Geh barfuß im nassen Gras um Mitternacht,
den Sternen keinen Namen gebend.
Es ist nicht die Erde,
die dich leiden lässt, Freund,
sondern deine Urteile über sie.
Und gewiss, das letzte Urteil
ist die Stille einer weißen Chrysantheme,
die unter dem Herbstmond aufblüht.
Dies ist das Evangelium des Staunens.

Be For

Don't tell me
what you are against.
Tell me
what you love.
What you cherish
with your whole body.
Being against
contracts the heart.
Being for
opens the chest
like an orchid
bending toward light.
Now is the time to depart
from the kingdom of fear
and return to the palace
of this human form.
One sweet dark nerve
in your solar plexus
radiates a thousand
times more power
than any opinion.
Let this be your worship
on a Sunday morning.
For a little while,
don't be against anything.
Only be for.
Be for the sun on the table.
Be for the late summer rose.
Be for tears and the laughter
of children.
Wash the whole planet
in the foolishness of God.

Sei dafür

Sag mir nicht,
wogegen du bist.
Sag mir,
was du liebst.
Was Du schätzt
mit deinem ganzen Körper.
Dagegen sein
zieht das Herz zusammen.
Dafür Sein
öffnet die Brust
so wie eine Orchidee
sich zum Licht beugt.
Jetzt ist die Zeit aufzubrechen
aus dem Reich der Angst
und zurückzukehren zum Palast
dieser menschlichen Form.
Ein süßer dunkler Nerv
in deinem Solarplexus
strahlt tausendmal stärker
als jede Meinung.
Lass dies dein Gottesdienst sein
an einem Sonntagmorgen.
Für eine Weile,
sei nicht gegen irgendetwas.
Sei nur für.
Sei für den Sonnenstrahl auf dem Tisch.
Sei für die Spätsommerrose.
Sei für die Tränen und das Lachen
der Kinder.
Wasche den ganzen Planeten
in der Torheit Gottes.

Share

We share the same breath.
We share one dust and light.
One field expands
from your heart and mine.
The radiance in your chest
contains me.
The radiance in my chest
contains you.
All that divides us is a thought.
Why cling to a mirage?
No path led us here.
This meadow hums
with blush and blues,
impermanence of moth
and wild anemone ever
cross-pollinating in our
golden death, a circle
with so many centers
God breaks into tears.
The song sparrow need not
believe in anything.
Pavane of scarlet poppies
conquering the mind
of warrior and artist alike.
Fearless, soft, we share
the same breath,
one dust and light.
The work of Beauty is
to dance in stillness.

Teilen

Wir teilen den gleichen Atem.
Wir teilen einen Staub und ein Licht.
Ein Feld dehnt sich aus
von deinem Herzen und meinem.
Das Strahlen in deiner Brust
enthält mich.
Das Strahlen in meiner Brust
enthält dich.
Alles, das uns trennt, ist ein Gedanke.
Warum an ein Trugbild klammern?
Kein Weg hat uns hergeführt.
Diese Wiese summt
mit Rouge und Blues,
Unbeständigkeit des Falters
und Buschwindröschen, sich immer
kreuzbestäubend in unserem
goldenen Tod, ein Kreis
mit so vielen Mittelpunkten,
dass Gott in Tränen ausbricht.
Der Singspatz braucht nicht
an irgendetwas zu glauben.
Reigentanzende scharlachrote Mohnblumen
erobern den Geist
eines Kriegers und Künstlers gleichermaßen.
Furchtlos, sanft teilen wir
den gleichen Atem,
einen Staub und ein Licht.
Das Werk der Schönheit ist
in Stille zu tanzen.

Broken

A broken commandment
is the open gate
to a wilder meadow.
I smoked an Arturo Fuentes Robusto
with the Bodhisattva.
Asked him if he had any precepts.
He said, just one: be healed by your tears.
Then he opened up to me about
his sadness, admitted
he had to come back
because he was lonely.
I said maybe Anthony Bourdain
or Sylvia Plath. He said
maybe Jack Kerouac. I said
all of them wounded one-eyed Buddhas.
My belly was thirsty for repentance
so I made a bourbon smoothie
and shared it with Jesus.
Asked him if he had any rules.
He said, just one: Call me brother, not Lord.
Cucumber, mint, and kale
with a shot of Wild Turkey.
Forgive me, it was delicious.
A broken commandment is the open gate
to a deeper rule, unwritten,
harder to disobey.
The laws of the body lead
to the precepts of the soul.
Like the one that says, love anyway.
The one that says, make friends
with the brokenhearted.
The one that says, forgive yourself
again and again.... So I discover
the rules I cannot break
by breaking the ones
I can.

Gebrochen

Ein gebrochenes Gebot
ist das offene Tor
zu einer wilderen Weide.
Ich rauchte eine Arturo Fuentes Robusto
mit dem Bodhisattva.
Fragte ihn, ob er irgendwelche Regeln habe.
Er sagte, nur eine: Werde geheilt durch deine Tränen.
Dann eröffnete er mir
seine Traurigkeit, gab zu,
dass er zurückkommen musste,
weil er einsam war.
Ich sagte, vielleicht Anthony Bourdain
oder Sylvia Plath. Er sagte
vielleicht Jack Kerouac. Ich sagte,
alle von ihnen sind verwundete einäugige Buddhas.
Mein Bauch war durstig nach Buße
also machte ich einen Bourbon-Smoothie
und teilte ihn mit Jesus.
Fragte ihn, ob er irgendwelche Regeln hätte.
Er sagte, nur eine: Nenn mich Bruder, nicht Herr.
Gurke, Minze und Grünkohl
mit einem Schuss Wild Turkey.
Verzeihe mir, es war köstlich.
Ein gebrochenes Gebot ist das offene Tor
zu einer tieferen Regel, ungeschrieben,
schwerer zu missachten.
Die Gesetze des Körpers führen
zu den Regeln der Seele.
Zum Beispiel das eine, das sagt, liebe trotzdem.
Jenes, das sagt, schließe Freundschaft
mit denen, die ein gebrochenes Herz haben.
Jenes, das sagt, vergib dir selbst
wieder und wieder .... So entdecke ich
die Regeln, die ich nicht brechen kann,
indem ich die breche,
die ich brechen kann.

Wanderers Welcome

Out beyond Christianity
Magdalene and Jesus are dancing
in a garden where things grow wild,

where things grow simply into what they are.
Many paths lead here, not one,
and the gates are always open.

Over each there is a sign that says,
"Wanderers Welcome."
Mary thinks Jesus is less like a god

than a gardener, and he is.
They drink the wine that turns
these temples into bodies again.

She reaches out to take his hand,
he lets her.
There are three rules here:

Yearn, Risk Everything, Connect.

Wanderer willkommen

Jenseits des Christentums
tanzen Magdalena und Jesus
in einem Garten, wo Sachen verwildern,

wo Sachen einfach zu dem werden, was sie sind.
Viele Wege führen hierher, nicht einer,
und die Tore sind immer offen.

Über jedem hängt ein Schild mit der Aufschrift:
„Wanderer Willkommen".
Maria glaubt, Jesus sei weniger ein Gott

als ein Gärtner, und das ist er.
Sie trinken den Wein, der diese Tempel
wieder in Körper verwandelt.

Sie streckt die Hand aus, um ihn zu ergreifen,
er lässt sie gewähren.
Es gibt drei Regeln hier:

Sehnsucht, Alles Riskieren, Sich Verbinden.

Discipline

This is my spiritual discipline.
To act my age,
not one moment old.
To give myself permission to eat
whatever is delicious.
To fall in love with butter again,
warm blueberry pie.
I know that you can smell this.
If humans were created to abstain,
our mothers and fathers would
never have conceived us.
This is my spiritual discipline.
I vow to dance with the perfect stranger,
confuse left and right, outgrow the tribe,
stay vigilant until I hear
the inconceivable concerto
of a white–throated sparrow.
I vow to make one sip last forever.
I vow never to need to explain.
I will wander very gently
over the earth, sauntering nowhere
like a lost pilgrim.
And every morning, I will
breathe away the dream,
glancing inward, smiling
at the radiant looking glass
in the center of my old reptilian brain.
Then I will blamelessly go forth
to embrace my seven billion lovers,
satisfying each with a feast of light,
and a taste of wine
from my jug of folly.

Disziplin

Dies ist meine spirituelle Disziplin.
Meinem Alter gemäß zu handeln,
nicht einen Moment alt.
Mir die Erlaubnis zu geben, zu essen,
was immer köstlich ist.
Mich wieder in Butter zu verlieben,
warmer Blaubeerkuchen.
Ich weiß, dass du den riechen kannst.
Wenn Menschen geschaffen wären, sich zu enthalten,
würden unsere Mütter und Väter
uns nie gezeugt haben.
Dies ist meine spirituelle Disziplin.
Ich gelobe, mit dem vollkommen Fremden zu tanzen,
links und rechts zu verwechseln,
über die Sippe hinauszuwachsen,
wachsam zu sein, bis ich
das unfassbare Konzert
einer Weißkehlammer höre.
Ich gelobe, einen ewig andauernden Schluck zu machen.
Ich gelobe, nie wieder etwas erklären zu müssen.
Ich werde sehr sanft
über die Erde wandern,
nach nirgendwohin schlendern
wie ein verlorener Pilger.
Und jeden Morgen, werde ich
den Traum ausatmen,
den Blick nach innen richten,
das strahlende Spiegelbild
in der Mitte meines alten Reptiliengehirns anlächeln.
Dann werde ich untadelig weitergehen,
um meine sieben Milliarden Liebhaber zu umarmen,
jeden einzelnen zufriedenstellen,
mit einem Festmahl aus Licht,
und einem Schluck Wein
aus meinem Krug der Torheit.

Men

Men who support women.
Men who care for women in pain.
Men who listen to women, even when

they repeat themselves.
Men who say yes to women.
Men who praise women when their bodies become old.

Men who embrace women on earth
and not women in cyberspace.
Men who linger by forest ponds

and gaze into still water
speaking to the great Mother.
Men who travel deep into the wilderness

not to hunt and kill, not to climb the highest peak,
but just to be there.
Men who know valleys, observing the etiquette

of cedar and willow.
Men who understand that the fire in their belly
is the Goddess.

Männer

Männer, die Frauen unterstützen.
Männer, die sich um Frauen kümmern, die Schmerzen haben.
Männer, die Frauen zuhören, auch wenn

sie sich wiederholen.
Männer, die Ja zu Frauen sagen.
Männer, die Frauen ehren, wenn ihre Körper alt werden.

Männer, die Frauen auf der Erde umarmen
und nicht Frauen im Cyberspace.
Männer, die an Waldteichen verweilen

und in stilles Wasser blicken
und mit der großen Mutter sprechen.
Männer, die tief in die Wildnis reisen

nicht um zu jagen, zu töten und den höchsten Gipfel zu besteigen,
sondern einfach nur um da zu sein.
Männer, die Täler kennen, die Umgangsformen

von Zedern und Weiden beachten.
Männer, die verstehen, dass das Feuer in ihrem Bauch
die Göttin ist.

Slip

You didn't come to this planet
to worship a pair of sandals
or a white robe.
You didn't come to this planet
to be for the party of the left
or the party of the right,
to be a Christian or a Muslim,
a Black or a White.
You did not come here
to get angry with reflections
in a mirror,
or get drunk on disasters
that never quite happen.
You came to be dumbfounded
by a dust mote,
to be torn in pieces
by laughter and pain,
then made One
by the tang of a berry
on your wild tongue.
Why waste another moment
arguing for or against,
when you could slip back
on a soft-as-moonlight
beam of breath into
the radiance you are?

Gleiten

Du bist nicht auf diesen Planeten gekommen,
um ein Paar Sandalen anzubeten
oder eine weiße Robe.
Du bist nicht auf diesen Planeten gekommen,
um für die Partei der Linken zu sein
oder für die Partei der Rechten,
ein Christ zu sein oder ein Moslem,
ein Schwarzer oder ein Weißer.
Du bist nicht hierher gekommen,
um dich zu ärgern über Reflexionen
in einem Spiegel,
oder dich an Katastrophen zu berauschen
die nie wirklich eintreten.
Du bist gekommen, um sprachlos zu sein
aufgrund eines Staubkorns,
in Stücke gerissen zu werden
von Lachen und Schmerzen,
dann Eins zu werden
vom Geruch einer Beere
auf deiner wilden Zunge.
Warum noch einen Moment verschwenden,
um für oder gegen etwas zu argumentieren,
wenn Du zurückgleiten könntest
mit einem Atemzug
weich wie Mondlicht
in das Strahlen, das du bist?

Tea with Lady of Zen

"Sometimes I'm too lazy
to meditate," she said.
I said, "Maybe diving deep
into laziness
is your meditation."
She sipped her green tea,
not silently, but with a slurp
of gratitude.
"As for me," I said,
"I'm a poetry bum.
I can´t bring myself
to do anything useful."
"Maybe diving deep
into uselessness
is your meditation," she said.
Her tea was brewed
so subtle and clear
I could hardly taste it,
and I didn´t know how
to make that wabi slurp
of satori suchness.
My failure erupted as laughter,
then a tear of thanksgiving.
Suddenly, without trying,
we savored a breathless quiet
which somehow polished the moon,
immersing the planet in tenderness,
dissolving the sorrows
of ten thousand creatures,
and guiding the stars home
to their perfect repose.
We danced in the emptiness
of each other's eyes.

Tee mit der Zen–Lady

„Manchmal bin ich zu faul
zu meditieren", sagte sie.
Ich sagte: „Vielleicht ist
tief in die Faulheit eintauchen
deine Meditation."
Sie nippte ihren grünen Tee,
nicht leise, sondern mit einem Schlürfen
der Dankbarkeit.
„Was mich betrifft", sagte ich,
„Ich bin ein Poesie-Penner.
Ich kann mich nicht dazu bringen
irgendetwas Sinnvolles zu tun."
„Vielleicht ist
tief in die Nutzlosigkeit eintauchen
deine Meditation", sagte sie.
Ihr Tee war so subtil
und klar gebrüht,
dass ich ihn kaum schmecken konnte,
und ich wusste nicht, wie ich
diesen Wabi-Schlürfer aus
Satori-Soheit machen sollte.
Mein Versagen brach in Gelächter aus,
dann in eine Träne der Dankbarkeit.
Plötzlich, ohne es zu wollen,
genossen wir eine atemlose Stille,
die in gewisser Weise den Mond polierte,
den Planeten in Zärtlichkeit tauchte,
die Sorgen auflöste
von zehntausend Kreaturen,
und die Sterne nach Hause führte
in ihre vollkommene Ruhe.
Wir tanzten in der Leere
in den Augen des anderen.

Wings

All the miracles
you do not notice
this summer morning
fly back to their Creator
on disappointed wings,
amber-gold salmon berry,
liquid amethyst on
the lip of a maidenhair fern,
crocosmia, this
tooth of Lucifer;
while all the miracles
that you behold
fold their wings to settle
in the commonplace.
"Let there be light"
Is not a Word from
the beginning, but a shout
In the language of now.
Creation remains
unfinished, friend,
without the beams
of your attention.
Have you never grown
still enough to hear
The first commandment?
"Thou shalt notice the toadstool,
the forget-me-not, a web
of dew, a pebble."
You are here to perceive
the miraculous wings
of the ordinary.
Your astonishment
completes the design.

Flügel

All die Wunder,
die Du nicht bemerkst
diesen Sommermorgen
fliegen zurück zu ihrem Schöpfer
auf enttäuschten Flügeln,
bernsteingoldene Pracht-Himbeere,
flüssiger Amethyst auf
der Lippe eines Frauenhaarfarns,
Schwertlilie, dieser
Zahn Luzifers;
während all die Wunder,
die du beachtest,
ihre Flügel falten, sich niederzulassen
im Gewöhnlichen.
„Es werde Licht"
ist nicht ein Wort vom
Anfang, sondern ein Schrei
in der Sprache des Jetzt.
Die Schöpfung bleibt
unvollendet, Freund,
ohne die Strahlen
deiner Aufmerksamkeit.
Bist du nie
still genug geworden,
das erste Gebot zu hören?
„Du sollst den Fliegenpilz beachten,
das Vergissmeinnicht, ein Spinnennetz
voll Tau, den Kieselstein."
Du bist hier
die wundersamen Flügel
des Gewöhnlichen wahrzunehmen.
Dein Staunen
vervollständigt den göttlichen Entwurf.

Truth Tramps

On my back porch
at the new moon in December
Buddha celebrates the birthday of Jesus.
On my back porch
at the full moon in May
Jesus celebrates the birthday of Buddha.
Sure they are "one," more or less,
but not the same.
They love to compete in poetry slams.
They keep the rivalry positive,
giving each other compliments like,
"Damn that's good! But mine is better."
They know it's all for fun,
because every word of scripture is an egg
with something stirring inside that wants
to break the shell and emerge
as a flame of silence.
Between the seasons,
during ordinary time
after one holy day and before another,
they hitchhike to Kansas
and meet on the outskirts of Topeka,
truth tramps
slamming each other with verses
from the Lost Revelation of the Bi-Polar Harlequin.
"I changed water to Ayahuaska
made from celestial poppy stars
and drank all seven barrels."
"My mind is a neon bubble of no-thing,
so don't get wasted on martyrdom."
"Moderation will get you nowhere."
"Nothing wrong with a clean shave, Rabbi."
"What's with the belly, Tattagatha?"
"The Milky Way is my frisbee."
"I churned God's anger into ghee."
"I remember more lives than sand grains
in your desert of self-flagellation."
"All the information in the universe
is one weird quark of my hemoglobin."
"The sea turtle with the elephant on its back

carrying the world in his tusks
swims in the ocean of my emptiness."
"Yeah well I have ten thousand arms
bearing swords of un-knowing,
ten thousand eyes gazing
through wounded black holes,
ten thousand mouths all shouting Neti Neti."
Finally, like all truth tramps, they get hungry,
throw their arms around each other's shoulders,
and swagger down to Happy Jack's Diner,
where they bang on the counter, laughing
out of control and shouting,
"See that apple pie? We want the whole thing!"
Happy Jack's mother is a Mexican named Maria.
She silences them with a smile.
"I know, boys," she says, "I know how it is,"
then gathers their lips to her soft brown breasts
and suckles them with unspeakable grace.

Landstreicher der Wahrheit

Auf meiner hinteren Veranda
bei Neumond im Dezember
Buddha feiert den Geburtstag von Jesus.
Auf meiner hinteren Veranda
bei Vollmond im Mai
Jesus feiert den Geburtstag von Buddha.
Sicher sind sie „eins", mehr oder weniger,
aber nicht dasselbe.
Sie lieben es, bei Poetry Slams gegeneinander anzutreten.
Sie halten die Rivalität positiv,
sich gegenseitig Komplimente machend wie,
„Verdammt, der ist gut! Aber meiner ist besser."
Sie wissen, dass es nur zum Spaß ist,
denn jedes Wort der Schriften ist ein Ei,
in dem sich etwas regt, das die Schale
aufbrechen und als eine Flamme der Stille
erscheinen möchte.
Zwischen den Jahreszeiten,
in der gewöhnlichen Zeit
nach einem heiligen Tag und vor eines anderen,
trampen sie nach Kansas
und treffen sich in den Außenbezirken von Topeka,
Landstreicher der Wahrheit,
die sich gegenseitig bewerfen, mit Versen
aus der verlorenen Offenbarung des bipolaren Harlekins.
„Ich verwandelte Wasser in Ayahuaska,
hergestellt aus himmlischen Mohnsternen
und trank alle sieben Fässer aus."
„Mein Geist ist eine Neonblase aus Nichts,
also vergeude dich nicht mit Märtyrertum."
„Mäßigung wird dich nicht weiterbringen."
„Nichts ist falsch an einer sauberen Rasur, Rabbi."
„Was ist mit dem Bauch, Tattagatha?"
„Die Milchstraße ist mein Frisbee."
„Ich habe Gottes Zorn in Ghee verwandelt."
„Ich erinnere mich an mehr Leben, als es Sandkörner
in deiner Wüste der Selbstgeißelung gibt."
„Alle Information im Universum
ist ein seltsames Quark meines Hämoglobins."
„Die Meeresschildkröte mit dem Elefanten auf ihrem Rücken,

der die Welt auf seinen Stoßzähnen trägt,
schwimmt im Ozean meiner Leere."
„Tja, ich habe zehntausend Arme,
die Schwerter des Unwissens tragen,
zehntausend Augen blicken
durch verwundete schwarze Löcher,
zehntausend Münder, die alle Neti Neti schreien."
Schließlich bekommen sie, wie alle Landstreicher der Wahrheit
Hunger, legen sich gegenseitig die Arme um die Schultern
und torkeln hinunter zu Happy Jack's Diner,
wo sie auf den Tresen hauen, außer Kontrolle
lachen und schreien,
„Seht ihr den Apfelkuchen? Wir wollen das ganze Ding!"
Happy Jacks Mutter ist eine Mexikanerin namens Maria.
Sie bringt sie mit einem Lächeln zum Schweigen.
„Ich weiß, Jungs", sagt sie, „ich weiß, wie das ist".
Dann zieht sie deren Lippen an ihre weichen braunen Brüste
und säugt sie mit unaussprechlicher Anmut.

The Tavern of Awakening

I got bored with spiritual practices.
Inhale counting to 4, hold counting 3, exhale.
This is not prayer, it's arithmetic.
Why not just dive into zero?
I can't even lie here in Corpse asana two minutes
without getting anxious about tomorrow.
Is there a Coyote posture, a Wounded Raven pose?
That bronze yogini in her bikini's
been sitting in Full Lotus over an hour.
She's still smiling: did she get a better mantra?
On your inbreath think, "breathing in,"
on your outbreath, "breathing out,"
but why not think, "My grandmother rides a tricycle
through golden atoms of intergalactic chicken broth?"
I took these complaints to the Master,
who just laughed and said, "When did you
actually see me doing any of that crap?"
Then he threw his arm over my shoulder
and led me to the Tavern of Awakening,
where everyone gets instantly drunk
by practicing absolutely nothing.
Nobody knows who's giving the party, or why.
Lovers just show up with big empty cups
and dance in a mambo line all night,
swigging from a jug of stars whose light
won't arrive for a thousand years.
Just before dawn, he whispers in my ear,
"Don't call me Master anymore, call me Friend."
Then he gives me all the advice I'll ever need, for free.
"Honor your body: it is a garden of ancient weddings.
Christ kisses Magdalene here, where your rib is missing.
Be a flute at Krishna's lips, he'll breathe music through you.
And when you bow, bow to your heart:
its pulse is the hum inside all names of God.
Now take off your shoes, walk softly over the earth,
and pulverize diamonds with your whirling."

Die Taverne des Erwachens

Spirituelle Praktiken haben mich gelangweilt.
Einatmen bis 4 zählen, halten bis 3 zählen, ausatmen.
Das ist kein Gebet, sondern Arithmetik.
Warum nicht einfach in die Null eintauchen?
Ich kann nicht einmal zwei Minuten in der Toten-Asana liegen,
ohne Angst vor dem morgigen Tag zu haben.
Gibt es eine Kojoten-Haltung, eine Verwundeter-Rabe-Position?
Diese bronzene Yogini in ihrem Bikini
sitzt seit über einer Stunde im vollen Lotussitz.
Sie lächelt immer noch: Hat sie ein besseres Mantra bekommen?
Beim Einatmen denke: „Einatmen",
beim Ausatmen: „Ausatmen",
aber warum nicht denken: „Meine Großmutter fährt ein Dreirad
durch goldene Atome einer intergalaktischen Hühnersuppe?"
Ich habe diese Beschwerden dem Meister vorgetragen,
der nur lachte und sagte: „Wann hast du mich eigentlich etwas
von diesem Mist machen sehen?"
Dann legte er mir seinen Arm um die Schulter
und führte mich in die Taverne des Erwachens,
wo jeder sofort betrunken wird,
indem absolut nichts praktiziert wird.
Niemand weiß, wer die Party gibt oder warum.
Verliebte tauchen einfach auf mit großen leeren Bechern
und tanzen in einer Mambo-Reihe die ganze Nacht,
schlürfen aus einem Krug voller Sterne, deren Licht
erst in tausend Jahren ankommen wird.
Kurz vor dem Morgengrauen flüstert er mir ins Ohr:
„Nenn mich nicht mehr Meister, nenn mich Freund."
Dann gibt er mir allen Rat, den ich jemals brauchen werde, umsonst.
„Ehre deinen Körper: Er ist ein Garten uralter Hochzeiten.
Christus küsst Magdalena hier, wo deine Rippe fehlt.
Sei eine Flöte an Krishnas Lippen, er wird Musik durch dich atmen.
Und wenn du dich verbeugst, verbeuge dich vor deinem Herzen:
Sein Puls ist das Summen in allen Namen Gottes.
Nun zieh deine Schuhe aus, geh sanft über die Erde,
und zermahle Diamanten mit deinem Tanzen."

Anarchist

Mira, Francis, the Baal Shem Tov, were anarchists for love.
King David danced naked before the Ark, an anarchist for love.
With only a broken jug, a brick for a pillow,
Rabia refused the prince's hand: an anarchist for love.
Whitman, cummings, Teilhard de Chardin,
all ambulance drivers and poets
who bound up warriors' wounds, anarchists for love.
Jesus too: he burst the old wine skin of law
with the new wine of I AM.
Ferment your marrow, distill your blood.
Burst what contains you, drink who you are.
Burst the wine skin of Marx and Trump,
the wine skin of Mohammed and Jesus - they won't mind.
Burst the wine skin of all government,
the wine skin of belief and non-belief.
Don't bottle your sparkling heart:
you're the hard stuff, exploding with joy.
You cause timid people to dance.
Don't waste time scrawling your laws in the sky.
Don't look for Kali's form in shattered glass.
Get beyond drunk or sober,
beyond violence and non-violence,
beyond ideas, to a place called Peace.
Live in the garden where
the lion-headed serpent sings
to the violin zebra, the winged elk flies
through the ripeness of the pomegranate,
and the Bridegroom marries the Bride
with a kiss that signifies the mingling of all juices.
This garden is everywhere,
your taste buds make it real.
This kingdom needs no king.
It's laws are inscribed in the palm
of the hand that holds a soup pot.
Ideology dissolves into a tear.
The revolution is to breathe.
The radical act is to be present.
Nourish the earth with your secret joy.
Be an anarchist for love.

Anarchist

Mira, Francis, Baal Shem Tov, waren Anarchisten aus Liebe.
König David tanzte nackt vor der Bundeslade, Anarchist aus Liebe.
Nur mit einem zerbrochenen Krug, einem Ziegel als Kopfkissen,
lehnte Rabia die Hand des Prinzen ab: eine Anarchistin aus Liebe.
Whitman, Cummings, Teilhard de Chardin,
alle Krankenwagenfahrer und Dichter,
die die Wunden von Kriegern verbanden, Anarchisten aus Liebe.
Auch Jesus: Er sprengte den alten Weinschlauch des Gesetzes
mit dem neuen Wein des ICH BIN.
Fermentiere dein Mark, destilliere dein Blut.
Zerbrich, was dich enthält, trink, wer du bist.
Zerplatze den Weinschlauch von Marx und Trump,
den Weinschlauch von Mohammed und Jesus –
es wird ihnen nichts ausmachen.
Zerplatze den Weinschlauch aller Regierungen,
den Weinschlauch des Glaubens und des Nicht-Glaubens.
Fülle Dein funkelndes Herz nicht in Flaschen:
Du bist der harte Stoff, der vor Freude explodiert.
Du bringst schüchterne Menschen zum Tanzen.
Verschwende keine Zeit, deine Gesetze in den Himmel zu kritzeln.
Suche nicht nach Kalis Form in zerbrochenem Glas.
Geh über betrunken oder nüchtern hinaus,
über Gewalt und Nicht-Gewalt,
über Ideen, an einen Ort namens Frieden.
Lebe in dem Garten, wo
die löwenköpfige Schlange
für das Geigenzebra singt, der geflügelte Elch
durch die Reife des Granatapfels fliegt,
und der Bräutigam die Braut heiratet
mit einem Kuss, der die Vermischung aller Säfte bedeutet.
Dieser Garten ist überall,
deine Geschmacksknospen machen ihn wahr.
Dieses Königreich braucht keinen König.
Seine Gesetze sind in die Handfläche eingeschrieben,
jener Hand, die einen Suppentopf hält.
Ideologie löst sich in eine Träne auf.
Die Revolution ist zu atmen.
Die radikale Handlung ist präsent zu sein.
Nähre die Erde mit deiner geheimen Freude.
Sei ein Anarchist aus Liebe.

Epilog - The Divine Humility

I am astonished at the divine humility!

Buddha said, "I am just an ordinary man who is awake." Jesus said, "These things which I do, you shall do also, yes, even greater things than these!" Mohammad was known for his humble patience and declared that no man, not even the greatest prophet, could be equated with the Divine. Krishna removed his royal crown and became a playmate to the cow herders of Vrindavan.

Because of this divine humility, modern seekers are tempted to say, "See, they are just like us!" But where would we be without them? I would be lost without the love of Christ, the compassion of the Buddha, the grace-filled music of Lord Krishna's flute.

On the other hand, it is undeniable that these avatars came to show us who we really are, revealing the divinity that illuminates the human heart. Saint Athanasius, one of the earliest Christian theologians, said, "God became human so that humanity could become divine."

How can we realize this Truth, yet maintain our humility?

The answer is, I AM. God and humanity both declare, I AM. This most sacred name of God (Exodus 3) is the very name we give ourselves in our most innocent moments of self-awareness.

Let us say I AM with reverence and humility, for this is a two-fold name, containing not only the temporal I of humanity, but the AM of eternal Being. Speaking this name, I surrender to the radiance of AM, and become myself.

Epilog- Die göttliche Demut

Ich bin erstaunt über die göttliche Demut!

Buddha sagte: „Ich bin nur ein gewöhnlicher Mensch, der wach ist." Jesus sagte: „Was ich tue, das sollt auch ihr tun, ja, sogar noch Größeres als das!" Mohammed war für seine demütige Geduld bekannt und erklärte, dass kein Mensch, nicht einmal der größte Prophet, mit dem Göttlichen gleichgesetzt werden könne. Krishna legte seine Königskrone ab und wurde zum Spielgefährten der Kuhhirten von Vrindavan.

Aufgrund dieser göttlichen Demut sind moderne Suchende versucht zu sagen: „Siehst du, sie sind genau wie wir!" Aber wo wären wir ohne sie? Ich wäre verloren ohne die Liebe Christi, das Mitgefühl des Buddha, die anmutige Musik von Lord Krishnas Flöte.

Andererseits ist es unbestritten, dass diese Avatare gekommen sind, um uns zu zeigen, wer wir wirklich sind, und um die Göttlichkeit zu offenbaren, die das menschliche Herz erleuchtet. Der heilige Athanasius, einer der frühesten christlichen Theologen, sagte: „Gott wurde Mensch, damit der Mensch göttlich werden konnte".

Wie können wir diese Wahrheit erkennen und dennoch unsere Demut bewahren?

Die Antwort lautet: ICH BIN. Gott und die Menschheit verkünden beide: ICH BIN. Dieser heiligste Name Gottes (Exodus 3) ist genau der Name, den wir uns in unseren unschuldigsten Momenten der Selbsterkenntnis geben.

Sagen wir ICH BIN mit Ehrfurcht und Demut, denn dies ist ein doppelter Name, der nicht nur das zeitliche ICH des Menschen, sondern auch das BIN des ewigen Seins enthält. Wenn ich diesen Namen ausspreche, gebe ich mich der Strahlung des BIN hin und werde ich selbst.

ACKNOWLEDGMENTS

I extend my heartfelt thanks to Alfred K. LaMotte for his profound texts and poems and for entrusting me with the roles of editor and translator.

My gratitude goes to Saint Julian Press for their dedication to publishing this work.

I am deeply thankful for my wife, Ulrike, who supports me in every endeavor. Like the divine Shakti, her presence is a constant source of strength.

Special thanks to my daughter Mira, whose linguistic and literary prowess was invaluable in navigating the translation of complex passages.

DANKSAGUNG

Ich danke zuallererst Alfred K. LaMotte für seine wunderbaren Texte und Gedichte und für sein mir als Herausgeber und Übersetzer entgegengebrachtes Vertrauen.

Ich danke dem Verlag Saint Julian Press für die Herstellung und für die Publikation des vorliegenden Buches.

Meiner Frau Ulrike, die mich in all meinen Projekten unterstützt und als Verkörperung der weiblichen Gottheit Shakti wesentlich an meiner Seite ist.

Und ganz besonders meiner Tochter Mira, die mir mit Ihrer sprach- und literaturwissenschaftlichen Expertise bei der Übersetzung kniffeliger Textstellen immer wieder weiterhelfen konnte.

Glossar

Anahata oder Herz-Chakra ist das vierte primäre Chakra in der hinduistischen, yogischen Shakta- und buddhistischen tantrischen Tradition. In Sanskrit bedeutet Anahata: „unverletzt, unangeschlagen und ungeschlagen". Anahata Nad bezieht sich auf das vedische Konzept des unangeschlagenen Klangs (der Klang des himmlischen Bereichs).

Arturo Fuente ist eine Zigarrenmarke, die 1912 von Arturo Fuente in West Tampa, Florida, gegründet wurde.

Ashtavakra Gita oder das Lied von Ashtavakra ist ein klassischer hinduistischer Text in Form eines Dialogs zwischen dem Weisen Ashtavakra und Janaka, dem König von Mithila.

Ayahuasca ist ein südamerikanisches psychoaktives Gebräu, das traditionell von indigenen Kulturen und Volksheilern im Amazonas- und Orinoko-Becken für spirituelle Zeremonien, Wahrsagerei und die Heilung einer Vielzahl von psychosomatischen Beschwerden verwendet wird.

Brahman bezeichnet im Hinduismus das höchste universelle Prinzip, die letztendliche Realität des Universums und ist die immaterielle, effiziente, formale und endgültige Ursache von allem, was existiert. Es ist die alles durchdringende, unendliche, ewige Wahrheit, das Bewusstsein und die Glückseligkeit, die sich nicht verändert und doch die Ursache aller Veränderungen ist.

Bhramari ist die hinduistische Göttin der Bienen. Bhramari bedeutet „die Göttin der Bienen" oder „die Göttin der schwarzen Bienen".

El Schaddai oder einfach Schaddai ist einer der Namen des Gottes von Israel. El Schaddai wird auch mit „Gott, der Allmächtige" übersetzt.

Ghee ist eine aus Indien stammende Art von geklärter Butter, die häufig zum Kochen als traditionelle Medizin und für religiöse Hindu-Rituale verwendet wird.

Hosta – Funkien, auch Herzblattlilien genannt, sind eine Pflanzengattung aus der Unterfamilie der Agavengewächse.

Kali ist eine der Göttinnen im Hinduismus und ein Aspekt von Parvati (hinduistische Muttergöttin). Sie ist die Göttin der Schöpfung, der Zerstörung und der Zeit und wird im Allgemeinen als dunkel und gewalttätig dargestellt. In verschiedenen Shakta-Hindu-Kosmologien sowie im tantrischen Shakta-Glauben wird sie als die ultimative Realität oder Brahman verehrt.

Krishna ist eine der wichtigsten Gottheiten im Hinduismus. Er wird als achter Avatar von Vishnu und auch als der höchste Gott an sich verehrt.

Mantra (Pali: mantra) oder Mantram ist eine heilige Äußerung, ein numinoser Klang, eine Silbe, ein Wort oder Phonem oder eine Gruppe von Wörtern, denen die Praktizierenden religiöse, magische oder spirituelle Kräfte zuschreiben.

Melchisedek, „König der Gerechtigkeit", „mein König ist die Gerechtigkeit" oder „mein König ist Zedek", auch Melchisedech oder Malki Tzedek genannt. In der Bibel war Melchisedek der König von Salem und Priester von El Elyon (oft mit „höchster Gott" übersetzt).

Milarepa (1040 - 1123) war ein tantrischer Meister und Begründer der Kagyü-Schulen des tibetischen Buddhismus. Er war der tantrische Yogi, der die Mahamudra-Übertragungslinie Marpas weiterführte. Er gilt als einer der größten Yogis und Asketen Tibets. Darüber hinaus gilt er auch als größter Dichter Tibets.

Neti Neti ist ein Sanskrit-Ausdruck, der „nicht dies, nicht das" oder „weder dies, noch das" bedeutet. Er findet sich in den Upanishaden und der Avadhuta Gita und stellt eine analytische Meditation dar, die einer Person hilft, die Natur Brahmans zu verstehen, indem sie alles verneint, was nicht Brahman ist.

Philokalia ist eine Sammlung von Texten, die von geistlichen Meistern der mystischen Hesychasten-Tradition der orthodoxen Ostkirche verfasst wurden. Sie wurden ursprünglich für die Anleitung und Unterweisung von Mönchen in der Praxis des kontemplativen Lebens geschrieben.

Rābiʿa al-ʿAdawiyya al-Qaisiyya (714, 717 oder 718 - 801) war eine legendäre islamische Mystikerin und Heilige, die als eine der ersten Sufis gilt.

Rachman i'Rahim verweist auf Ar-rahman („der Gnädige") und ar-rahim („der Barmherzige"), die ersten beiden der 99 Namen Allahs.

Satipaṭṭhāna-Sutta ist eine der beiden berühmtesten und am meisten studierten Reden im Pāli-Kanon des Theravada - Buddhismus und bildet die Grundlage für die zeitgenössische Vipassana - Meditationspraxis.

Satori ist ein japanischer buddhistischer Begriff für Erwachen, „Begreifen, Verstehen" und leitet sich von dem japanischen Verb satoru ab. Satori bedeutet die Erfahrung des Erwachens (Erleuchtung) oder das Erkennen der wahren Natur der Realität.

Satsang ist eine Audienz bei einem Satguru (Wahrer Guru) zur religiösen Unterweisung.

Sephiroth sind in der Kabbala die 10 Attribute/Emanationen, durch die sich Ein Sof (das Unendliche) offenbart und kontinuierlich sowohl den physischen Bereich als auch die Kette der höheren metaphysischen Bereiche erschafft.

Shakti ist die grundlegende kosmische Energie und eine zentrale Gottheit im Shaktismus, einer bedeutenden theologischen Tradition des Hinduismus. Als Repräsentantin der dynamischen Kräfte, die das Universum durchdringen, verkörpert Shakti die weibliche Energie und wird oft als Gefährtin von Shiva dargestellt.

Shekhinah (Schechina) ist die englische Transkription eines hebräischen Wortes, das „Wohnung" oder „Niederlassung" bedeutet und die Gegenwart Gottes an einem Ort bezeichnet. Dieses Konzept findet sich im Judentum und in der Tora, wie in Exodus 25:8 erwähnt.

Shiva ist eine der wichtigsten Gottheiten des Hinduismus und das höchste Wesen im Shivaismus. In der göttlich orientierten Shakta-Tradition wird die Höchste Göttin (Devi) als Energie und schöpferische Kraft (Shakti) und gleichberechtigte Komplementärin von Shiva betrachtet.

So'ham ist ein hinduistisches Mantra, das in mehreren Upanishaden erwähnt wird. Bedeutung ist „Er ist ich" bzw. „Ich bin Er" und symbolisiert dadurch die Einheit der Individualseele (jiva) mit dem Absoluten.

Tathāgata ist ein Wort aus dem Pali und dem Sanskrit; Gautama Buddha verwendet es, wenn er sich auf sich selbst oder andere Buddhas im Pāli-Kanon bezieht. Es wird so interpretiert, dass der Tathāgata jenseits allen Kommens und Gehens ist - jenseits aller vergänglichen Phänomene. Es gibt jedoch auch andere Interpretationen und die genaue ursprüngliche Bedeutung des Wortes ist nicht sicher.

Wabi ist eine Eigenschaft einfacher oder einsamer Schönheit, die vor allem in verschiedenen Formen der japanischen Kunst oder Kultur und im Zen-Buddhismus zum Ausdruck kommt.

Zygote ist die befruchtete Zelle, die zu einem neuen Tier oder einer Pflanze heranwachsen wird. Wenn sich die Eizelle einer Frau und die Samenzelle eines Mannes verbinden, wird die Zelle, die daraus entsteht, Zygote genannt.

Glossary

Anahata (Sanskrit, English: "unstruck") or Heart chakra is the fourth primary chakra, according to Hindu Yogic, Shakta and Buddhist Tantric traditions. In Sanskrit, anahata means "unhurt, unstruck, and unbeaten". Anahata Nad refers to the Vedic concept of unstruck sound (the sound of the celestial realm).

Arturo Fuente is a cigar brand founded by Arturo Fuente, Sr. in 1912 in West Tampa, Florida.

Ashtavakra Gita or Song of Ashtavakra is a classical Hindu text in the form of a dialogue between the sage Ashtavakra and Janaka, King of Mithila.

Ayahuasca is a South American psychoactive brew, traditionally used by Indigenous cultures and folk healers in the Amazon and Orinoco basins for spiritual ceremonies, divination, and healing a variety of psychosomatic complaints.

Brahman, in Hinduism Brahman connotes the highest universal principle, the Ultimate Reality of the universe. It is the immaterial, efficient, formal and final cause of all that exists. It is the pervasive, infinite, eternal truth, consciousness and bliss which does not change, yet is the cause of all changes.

Bhramari is the Hindu goddess of bees. Bhramari means 'the goddess of bees', or 'the goddess of black bees'.

El Shaddai or just Shaddai is one of the names of the God of Israel. El Shaddai is conventionally translated into English as God Almighty.

Ghee is a type of clarified butter, originating from India. It is commonly used for cooking, as a traditional medicine, and for Hindu religious rituals.

Hosta (Funkia) is a genus of plants commonly known as hostas, plantain lilies and occasionally by the Japanese name gibōshi.

Kali is one of the goddesses in Hinduism and aspect of Parvati (Hindu mother goddess). She is the goddess of creation, destruction and time, and commonly presented as dark and violent. Various Shakta Hindu cosmologies, as well as Shakta Tantric beliefs, worship her as the ultimate reality or Brahman.

Krishna is a major deity in Hinduism. He is worshipped as the eighth avatar of Vishnu and also as the Supreme God in his own right.

Maharishi Mahesh Yogi (1918-2008) was one of the most famous gurus in the world. He believed in world peace and his aim was always to spread, create and radiate bliss. He is considered a leading scientist in the field of consciousness research and is recognized worldwide as a teacher of Transcendental Meditation.

Mantra (Pali: mantra) or mantram is a sacred utterance, a numinous sound, a syllable, word or phonemes, or group of words (most often in an Indic language like Sanskrit) believed by practitioners to have religious, magical or spiritual powers.

Melchizedek, 'king of righteousness,' 'my king is righteousness,' or 'my king is Zedek', also transliterated Melchisedech or Malki Tzedek. In the Bible Melchizedek was the King of Salem and priest of El Elyon (often translated as 'most high God').

Milarepa (1040 - 1123) was a tantric master and founder of the Kagyu schools of Tibetan Buddhism. He was the tantric yogi who continued the Mahamudra lineage of Marpa. He is considered one of the greatest yogis and ascetics in Tibet. He is also regarded as the greatest poet in Tibet.

Neti Neti is a Sanskrit expression which means "not this, not that", or "neither this, nor that". It is found in the Upanishads and the Avadhuta Gita and constitutes an analytical meditation helping a person to understand the nature of Brahman by negating everything that is not Brahman.

Philokalia is a collection of texts written by spiritual masters of the mystical hesychast tradition of the Eastern Orthodox Church. They were originally written for the guidance and instruction of monks in the practice of the contemplative life.

Rābiʿa al-ʿAdawiyya al-Qaisiyya (714, 717 or 718 - 801) was a legendary Islamic mystic and saint who is considered one of the first Sufis.

Satipaṭṭhāna Sutta is one of the two most celebrated and widely studied discourses in the Pāli Canon of Theravada Buddhism, acting as the foundation for contemporary vipassana meditation practice.

Satori is a Japanese Buddhist term for awakening, "comprehension; understanding". It is derived from the Japanese verb satoru. Satori means the experience of awakening ("enlightenment") or apprehension of the true nature of reality.

Satsang is an audience with a Satguru (True Guru) for religious instruction.

Sephiroth are the 10 attributes/emanations in Kabbalah, through which Ein Sof (The Infinite) reveals itself and continuously creates both the physical realm and the chain of higher metaphysical realms.

Shakti is the fundamental cosmic energy and a central deity within Shaktism, a significant theological tradition of Hinduism. Representing dynamic forces that permeate the universe, Shakti embodies feminine energy and is often depicted as the consort of Shiva.

Shekhinah is the English transliteration of a Hebrew word meaning "dwelling" or "settling" and denotes the presence of God in a place. This concept is found in Judaism and the Torah, as mentioned in Exodus 25:8.

Shiva is one of the principal deities of Hinduism. He is the Supreme Being in Shaivism. In the goddess-oriented Shakta tradition, the Supreme Goddess (Devi) is regarded as the energy and creative power (Shakti) and the equal complementary partner of Shiva.

So'ham is a Hindu mantra that is mentioned in several Upanishads. The meaning is "He is I" or "I am He" and thus symbolizes the unity of the individual soul (jiva) with the Absolute.

Tathāgata is a Pali and Sanskrit word; Gautama Buddha uses it when referring to himself or other Buddhas in the Pāli Canon. It is interpreted as signifying that the Tathāgata is beyond all coming and going – beyond all transitory phenomena. There are, however, other interpretations and the precise original meaning of the word is not certain.

Wabi is a quality of simple or solitary beauty, especially as expressed in various forms of Japanese art or culture and in Zen Buddhism.

Zygote is the fertilized cell that will grow into a new animal or plant. When a female's ovum and a male's sperm cell join, the cell that results is called the zygote.

ABOUT THE EDITOR AND TRANSLATOR

Otto K. Raich, along with his wife Ulrike, founded the Center for Mindfulness, Yoga, and Meditation in Linz, Austria. He trains, coaches, and supervises organizations and individuals in MBSR (Mindfulness-Based Stress Reduction) and Mindful Leadership and also leads meditation courses and seminars.

Since his inaugural visit to India in 1987, Otto has been immersed in various spiritual and mystical traditions. He holds a Master of Science from Sigmund Freud University in Vienna and an MBA from Open University in Milton Keynes. Otto resides with Ulrike, their daughter Isabel, and a lively household of animals in the serene embrace of nature in Ternberg, Austria.

ÜBER DEN HERAUSGEBER UND ÜBERSETZER

Otto K. Raich ist zusammen mit seiner Frau Ulrike Gründer des Zentrums für Achtsamkeit, Yoga und Meditation in Linz, Österreich. Er arbeitet als Trainer, Coach und Supervisor mit Organisationen und Einzelpersonen, unterrichtet MBSR (Mindfulness-Based Stress Reduction) und Mindful Leadership und leitet Meditationskurse und Seminare.

Seit seiner ersten Indienreise im Jahr 1987 forscht und übt er in verschiedenen spirituellen und mystischen Traditionen. Er hält einen Master of Science (Sigmund Freud Universität Wien) und einen Master in Business Administration (Open University Milton Keynes). Otto lebt mit seiner Frau Ulrike, seiner Tochter Isabel und einer Schar Tiere inmitten der Natur in Ternberg, Österreich.

ABOUT THE AUTHOR-POET

ALFRED K. LAMOTTE is the author of four volumes of poetry with Saint Julian Press. Together with the artist and environmentalist Rashani Réa, he has written four other art and poetry books. His poems have been published in several magazines and anthologies. He is an interfaith university chaplain, meditation teacher, and lecturer in philosophy and world religions. He holds degrees from Yale University and Princeton Theological Seminary. He lives on the shores of the Salish Sea near Seattle, WA, with his wife Anna and his loving friends, golden furry four-legged friends Emerson and Finn.

Visit his Amazon author page at: amazon.com/author/alfredlamotte

His poetry page, Uradiance, is at: http://yourradiance.blogspot.com.

Über den Autor-Dichter

ALFRED K. LAMOTTE ist Autor von vier Gedichtbänden bei Saint Julian Press. Zusammen mit der Künstlerin und Umweltschützerin Rashani Réa hat er vier weitere Kunst- und Gedichtbände geschrieben. Seine Gedichte wurden in mehreren Zeitschriften und Anthologien veröffentlicht. Er ist ein interreligiöser Universitätsseelsorger, Meditationslehrer und Dozent für Philosophie und Weltreligionen. Er besitzt Abschlüsse der Yale University und des Princeton Theological Seminary. Er lebt mit seiner Frau Anna und seinen geliebten Freunden, den goldenen, pelzigen vierbeinigen Freunden Emerson und Finn am Ufer der Salish Sea in der Nähe von Seattle, WA.

Besuchen Sie seine Amazon-Autorenseite unter:
amazon.com/author/alfredlamotte

Seine Gedichtseite Uradiance finden Sie unter:
http://yourradiance.blogspot.com.

www.ingramcontent.com/pod-product-compliance
Lightning Source LLC
Chambersburg PA
CBHW081327120626

46546CB00011B/3249